큰돈 안들이고
하루 **3천만 원**을 만드는
매출

SNS 창업
마케팅

KB096931

큰돈 안들이고
하루 매출 3천만 원을 만드는
SNS 창업
마케팅

펴낸날 초판 1쇄 2019년 11월 15일
3쇄 2022년 12월 20일

지은이 김용선 · 임성준

펴낸이 강진수
편 집 김은숙, 김어연
디자인 임수현

인 쇄 (주)사피엔스컬쳐

펴낸곳 (주)북스고 **출판등록** 제2017-000136호 2017년 11월 23일
주 소 서울시 중구 서소문로 116 유원빌딩 1511호
전 화 (02) 6403-0042 **팩 스** (02) 6499-1053

ISBN 979-11-89612-38-2 13320

책 출간을 원하시는 분은 이메일 booksgo@naver.com로 간단한 개요와 취지, 연락처 등을 보내주세요.
Booksgo는 건강하고 행복한 삶을 위한 가치 있는 콘텐츠를 만듭니다.

공의 밑부분을 코와 발로 밀어 움직여야 한다.
58페이지에서 언급한 골 넣기 놀이에서와
같은 스킬을 쓰기 때문에, 공놀이를 유독
좋아했다면 이 운동 역시 시도해보자.

58페이지에서 언급한

강아지와 함께 수영을

반려견의 부상으로 수중 재활 치료를
처방받았거나, 바다에서 같이 수영해본 경험이
있는 게 아니라면 어렵게 생각할 수 있다. 하지만
물을 좋아하는 강아지라면 수영장에서 반려인과
함께 첨벙거리고 공을 물어오며 보내기만 해도 그 시간을
아주 소중히 생각할 것이다. 반려견과 함께하는 수영은 점점 흔해지는 추세이기도 하다.
강아지가 물에 들어가고 나오기 쉽도록 수영장에 경사로가 설치된 경우가 많으며 강아지들을
위한 구명 조끼와 구조 요원까지 준비된 곳도 있다. 구조 요원들은 주로 물속에서 주위를
살피며 겁먹은 개들을 안심시켜 준다.

노즈워크

어디서나 가장 인기가 많은 활동 중 하나로, 노즈워크 클래스에선 개들이 특정한 냄새를
감지하고 추적할 수 있도록 후각을 훈련시킨다. 나이와 건강 상태와 무관하게 거의 모든
개들이 참여할 수 있는 게 장점. 수업에 가면 3분 동안 얼마나 많은 냄새를 맡혔는지
비교하는 식으로 다른 개들과 시합해볼 수도 있다. 퀴즈는 특정한 향을 묻힌 면봉이 어느
박스에 들었는지, 혹은 테이블 주위에 놓인 의자 중에 어디에 올려져 있는지 맞히거나 주차된
차의 어느 부분에 숨겨져 있는지 찾는 식이다. 반려인에게도 정답이 어디에 있는지 알려주지
않기 때문에 힌트를 주는 것은 불가능하다! 냄새를 따라 가본 경험이 많은 개들은 빨리
실력이 늘긴 하지만, 미숙한 개들을 위해 다양한 난이도의 훈련이 준비되어 있으니 걱정하지
않아도 된다.

레벨 업!

연구에 따르면 냄새 맡을 일이 별로
없을 경우(예: 산책 중 마음껏 냄새 맡지 못할
경우) 시간이 지날수록 후각이 무뎌지기도
한다고 해요. 다른 모든 능력처럼, 후각도
훈련에 의해 발달한답니다. 노즈워크
클래스에선 강아지들의 후각을
더 정밀하게 훈련시킬 수
있어요.

집 밖에서 놀기

마당에서 할 수 있는 놀이들은 앞에서 다뤘죠. 아무리 작을지라도 마당이 있다면 개들에게 많은 기회를 제공해줄 수 있답니다. 만약 마당이 없다면, 울타리가 쳐진 공간을 찾아봅시다. 이런 곳에서 할 수 있는 놀이가 많거든요. 강아지 운동장에서처럼 한 무리의 개들이 같은 장난감을 쫓아오는 일 없이 말이죠.

장난감 사냥

반려견이 보고 있지 않을 때 좋아하는 장난감을 숨겨두자. 반려인이 먼저 달려나가면서 무언가를 찾는 시늉을 크게 한 뒤 반려견이 관심을 보일 때 장난감을 발견한 척, 신나게 소리치면 몇 번 반복하지 않아도 놀이를 이해할 것이다. 장난감을 숨길 동안 반려견의 주의를 끌 다른 사람이 있으면 더욱 좋다. 개들은 코를 이용해 탐색하기 때문에, 반려견의 눈높이보다 높은 나무가지 위에만 올려놓아도 찾는 데 시간이 걸릴 수 있다. 사람의 눈에는 잘 보이는 곳이라도, 냄새를 맡기 어려운 위치라면 개들에겐 매우 어려울 수 있다는 걸 기억하자. 찾아냈을 때의 보상은 간식뿐 아니라 또다른 놀이가 될 수도 있다. 프리즈비나 터그 장난감을 숨겨놓고, 발견했을 때 바로 게임 모드로 돌입해도 좋다.

숨을 만한 장애물들이 있는 곳이면 반려인과 술래잡기도 신나는 게임이 된다. 물론 이 때는 반려견에게 반려인 찾아보기를 유도할 다른 사람이 필요하지만. 신나는 목소리로 약간의 호들갑을 더해 엉뚱한 곳을 뒤져보는 척하면 반려견도 곧 탐색에 참여할 것이다.

트램폴린, 안전한가요?

어린이용 트램폴린에서 강아지를 뛰어놀게 해도 될까? 만약 반려견이 트램폴린을 좋아한다면 '방방이'는 아주 신나는 데다가 운동 효과도 있는 놀이가 된다. 하지만 다음을 꼭 주의해야 한다.

- 반려견과 아이가 함께 뛰어놀도록 하지 말 것. 분위기를 깨는 사람처럼 느껴 지겠지만, 키와 몸무게에 차이가 나는 경우 미끄러졌을 때 한쪽이 다치기 쉽기 때문이다.
- 어린 강아지나 노견, 혹은 허리나 관절에 이상이 있는 개들은 트램폴린에 올라가지 못하게 할 것. 점프를 반복하다 보면 후에 관절에 심한 통증이 올 수 있다. 하지만 그 외 건강한 개들이라면, 그리고 트램폴린을 좋아한다면, 얼마든지 뛰어놀게 하자!

안전한 공터 찾기

마당이 없는 경우, 혹은 동네의 공원에 개들을 풀어놓고 마음껏 뛰게 할 수 있는 환경이
안 되는 경우라면 빌릴 수 있는 안전한 공터를 찾아 자주 데려가면 좋아요. 안전한 공터*
는 한적한 시골이 아닌 곳에서도 빠르게 늘어나는 추세거든요. 말 그대로 울타리가
쳐진 안전한 공터를 시간 단위로 통째로 빌릴 수 있어요. 반려견의 사회성이 좋지 않은
경우, 이름을 불렀을 때 반려인에게 달려오는 훈련이 잘되지 않은 경우, 혹은 북적이는
곳에서는 불안해하는 개들에게 적합하죠. 동네의 '강아지 친구'들과 함께 가도 좋고요.
기본적인 어질리티 시설을 갖춰놓은 곳도 있으니 예약할 때 문의해보세요. 반려견과
반려인 모두 더 심리적으로 편안한 환경에서 시도해보기 좋으니까요.

* Secure Field - 우리의 '반려견 운동장'과 비슷하지만, 개인이나 한 팀에게만 대여하는 공간을 뜻해요.
  우리나라에선 '반려견 운동장 대여', '대관', '렌탈'과 같은 검색어로 찾아볼 수 있어요. — 옮긴이

그러면
뭐가 좋은데요?

집 안에서도, 집 밖에서도 재미있는
놀이들을 다양하게 제공해주면 반려견은
'이 세상에 좋은 것은 모두 반려인로부터
나온다'고 생각하고 따르게 될 거예요!

반려견이 트램폴린에서 방방 뛰는 것을
좋아한다면 곁에서 꼭 지켜봐주세요.
안전히 올라가고, 내려올 수 있게요.

함께 운동하기

달리기나 자전거 타기를 좋아하나요? 그렇다면 반려견이 훌륭한 파트너가 되어줄 수 있어요. 반려견에게 많은 운동이 되기도 하고요. 서로 속도를 맞추는 데에는 연습이 필요하겠지만 익숙해지고 나면 같이 뛰는 그 시간이 반려견과 반려인 모두에게 소중해진답니다.

그러면 뭐가 좋은데요?

개들만큼 좋은 러닝 메이트를 찾기도 어려울 거예요. 그리고 반려견이 웬만한 산책으로는 쉽게 지치지 않는 강철 체력의 견종이라면 이만큼 쉽고 간단하게 운동량을 채울 수 있는 방법도 없을걸요!

체력 확인하기

사람도 미리 준비하지 않으면 갑자기 5km를 뛰기 어려운 것처럼, 반려견들에게도 준비가
필요하다. 나이가 많거나 관절에 문제가 있는 경우엔 적합하지 않고, 프렌치 불독과 같이
얼굴이 납작한 견종의 경우에도 달리기는 심장이나 호흡에 문제를 일으킬 수 있으니
주의해야 한다. 반려견이 잘 뛸 수 있는 상태인지, 혹은 뛰기에 적합한 견종인지 잘
모르겠다면 수의사에게 물어보자. 건강한 개의 경우에도 처음부터 긴 거리를 뛰는 것보다는
가볍게 짧은 거리를 뛰고 또 걷기를 반복하는 것이 좋다. 연습을 통해 서로의 페이스를
이해하면 언제 거리를 늘리거나 속도를 높일지 판단이 쉬워진다. 러닝에 나서기 전, 반려인과
반려견 모두 물을 충분히 마실 수 있게 준비하는 것만 잊지 말자.

반려견이 단순히 옆에서 뛰는 게 아니라 정말로 반려인과 "함께" 뛰려면 캐니크로스에
적합한 하네스와 리드 줄, 그리고 전용 벨트가 필요하다('캐니크로스'는 반려견과 함께 뛰는
스포츠의 이름이다!). 리드줄은 신축성이 있는 번지 리드여야 하고, 하네스는 반려견의 목에
부담을 주지 않도록 가슴 쪽이 열린 종류여야 한다. 반려인과 함께 뛰는 동안 편안하고
안전하다고 느낄 수 있도록 장비에 투자하자. 갑자기 멈춰 서거나 방향을 틀더라도
반려견에게 물리적인 충격을 주지 않고 서로의 페이스를 맞추는 데에 꼭 필요한 물건이니
말이다.

자전거 타기

만약 러닝에는 관심이 없지만 반려견과 함께 운동을 하고 싶다면, 자전거가 답일 수 있다.
다만 반려견과 함께 러닝할 때에 주의해야 할 점을 모두 챙기고도 훨씬 더 조심해야 한다.
자전거를 탈 때는 반려견의 페이스보다 앞서 나가버릴 수 있기 때문. 아주 천천히 시작해서
속도를 차차 올리자. 처음엔 단 2-3분 정도 같이 달려보는 것이 현실적인 목표일 것이다.
러닝과 마찬가지로 번지 리드가 필요하고, 특수한 클립으로 자전거에 연결하는 게 좋다.
가능하다면 풀로 덮인 길이나 부드러운 표면에서 연습을 시작할 것. 아스팔트나 돌이
울퉁불퉁한 길은 반려견의 발에 무리를 줄 수 있기 때문이다.

◀ 반려견과 러닝 페이스를 맞추려면 연습이 필요하지만, 한번
균형을 맞추고 나면 같이 달리는 것이 즐거워진답니다.

다른 사람과 산책하기

반려견을 산책시킬 수 없을 때가 있죠. 그럴 때는 이웃에게 도움을 청할 수도 있고, 요즘엔 산책을 품앗이하는 커뮤니티와 산책 알바까지 생기고 있지만 우리는 조금 까다로워질 필요가 있어요. 반려견이 즐거운 시간을 보내고, 또 안전하도록 확실히 해야 하니까요.

우리 집 개의 성향은?

반려견을 맡기게 될 사람에 대해서 최대한 많이 알아둔 후 반려견이 누구와 가장 있고 싶어할지 생각해보자. 사람이 많을수록 신나하는 성향인지, 새로운 환경을 불편해하는 성향인지, 실컷 뛰면서 에너지를 발산하는 산책을 좋아하는지, 마음껏 냄새를 맡으며 천천히 걷는 산책을 좋아하는지. 정리가 된 후에 맡아줄 사람을 구하자. 가까운 강아지 친구의 반려인들과 번갈아가며 서로의 반려견을 맡아줄 수도 있을 것이고, 산책 알바를 구할 수도 있을 것이다. 또 요새는 강아지와 함께 잠시 시간을 보내길 원하는 사람도 많으니 동네 커뮤니티에 검색도 해보자.

그러면 뭐가 좋은데요?

만약 반려견이 반려인 없이도 재미있는 산책 경험을 한다면 새로운 사람이나 개와 어울리는 것에 조금씩 더 자신감이 생길 거예요.

서로를 알아가기 위해서

'강아지 빌려드려요'를 시도할 땐 당연히, 산책시켜줄 사람에 대해 미리 잘 알아보아야 한다. 상대방의 집에서 만나 반려견과 다 같이 산책을 몇 번 해보는 것은 필수. 어느 정도 익숙해지고 난 후에 반려견만 맡기고 빠지는 게 좋다. 전문 강아지 산책 도우미를 쓸 생각이라면 평판을 확인하자. '펫 산책 보험'에 가입되어 있다면 더할 나위 없다. 또 산책 도우미가 다른 강아지를 산책 시킬 때에 (반려견 없이) 한번 따라가보는 것도 좋다. 산책 과정에서 마주치는 개들과 어떤 식으로 상호작용하는지, 또 산책 도우미는 어떤 식으로 소통하는지를 지켜보며 우리 집 개가 어떤 경험을 하게 될지 그려볼 수 있으니. 만족스러울 경우 두 번째 산책 약속을 잡고 반려견과 함께 동반해보자. 좋은 산책 도우미라면 모두가 익숙해질 때까지 몇 번의 연습을 하는 것에 동의할 테고, 만약 동의하지 않는다면 잘 맞지 않는 사람이란 뜻일 테니 아쉬워할 필요 없다. 만약 반려견이 홀로 산책하는 것이나 다른 개 한 마리하고 함께하는 것을 좋아한다면 구체적으로 설명하고 요청해볼 수 있다.

　질문을 충분히 해야 한다. 예를 들자면 내 강아지는 항상 같은 강아지들과 산책하게 되는지, 한 번 산책할 때 데리고 다니는 강아지는 최대 몇 마리인지, 픽업하는 구역이 얼마나 넓은지 등. 만약 우리 집 강아지를 큰 구역에서 첫번째로 픽업하는 경우엔 실제로 걷는 시간보다 차 안에서 이동하는 시간이 더 길어질 수도 있다. 또, 산책 도우미가 연락이 잘 되는지 꼭 확인하자. 잘 있다는 문자, 혹은 신나게 놀고 있는 사진을 받아보면 안심이 되니까!

편안하고 안전한 산책을 위한 강아지의 수는
산책 도우미당 두마리로 봅니다. 이보다
많아지면 완벽히 통제할 수 없기가 쉬워요.

식사

**식사 때면 반려견이 밥그릇 앞으로 달려가 사료를
와구와구 삼키나요?** 털에 윤기가 나고, 입냄새가 없고,
기분이 대체로 좋아 보인다면 사료에 신경을 써야 할
이유가 있을까요? 아니면 강아지가 사료에 크게 흥미를
보이지 않거나 입냄새도 썩 유쾌하지 않은 경우도 있을
수 있죠. 이럴 땐 사료를 바꿔보는 게 좋을까요?
만약 반려견이 건강하고 오래 살기를 바란다면
사료에 무엇이 들었는지 꼼꼼히 살펴봐야 합니다. 이
챕터에서는 강아지들에게 줄 수 있는 다양한 식사
옵션을 살펴보고, 좋은 음식과 나쁜 음식을 구별하는
법에 대해 이야기할 거예요. 시판 사료든, 집에서 만드는
음식(화식과 생식 모두!)이든 말이죠. 뿐만 아니라,
개들이 환장할 만큼 맛있는 간식 레시피도 다룰 거예요.
우리 집 반려견에게 제일 좋은 것만 주고 싶은 당신, 이
챕터를 확인해보세요.

잘 먹기

밥그릇 속 음식 재료를 살펴보기 전에, 일단 반려견의 '식사 환경'을 점검해볼까요. 밥 시간은 대부분의 개들에게 하루 중 가장 기대되는 순간이고, 또 개들은 식사 시간이 얼마나 남았는지 거의 정확히 알고 있거든요.

그러면 뭐가 좋은데요?

쉽게 먹을 수 있는 그릇과 조용한 환경을 마련해주면 반려견은 스트레스 없는 편안한 식사 시간을 보내며 최대한의 만족을 얻을 수 있을 거예요.

살짝 높은 위치에 놓인 밥그릇과 물그릇은 특히 나이 들고 뻣뻣한 개들에게 근육 긴장을 피하는 데 도움을 줘요.

편안하게 먹고 있나요?

'개 밥그릇'이란 그저 음식을 담을 수 있는 '아무거나'였던 시절이 있었다. 이제는 반려견 용품이 워낙 잘 나오고, 낡거나 더러워서 사람이 쓰지 못하는 그릇을 개에게 주는 시대는 (거의) 지나간 것처럼 보인다. 개 밥그릇도 이제는 각양각색이다. 높이를 조절할 수 있는 밥그릇, 세트로 나온 밥그릇과 물그릇, 혹은 강아지가 천천히 먹게끔 설계된 그릇 등. 그런데 이런 게 정말 필요할까?

일단 반려견이 지금 사용 중인 밥그릇에서 편하게 먹는지 확인해보자. 밥그릇만 바꿔도 개들의 식욕이 크게 달라질 수 있다는 사실에 많은 반려인들이 놀란다. 예를 들어, 소리에 민감한 강아지는 먹을 때 사료가 부딪혀 울리는 금속 재질의 그릇을 싫어할 수 있다. 어떤 그릇은 접시처럼 테두리가 얕아 강아지들이 음식을 입안에 넣기가 어려울 수도 있다. 밥그릇이 움직이지 않도록 미끄럼 방지 매트를 사용하는 것도 도움이 된다. 관절염이 있는 노령견이나 덩치가 큰 개들에겐 너무 고개를 숙이지 않아도 되도록 그릇을 적절한 높이에 올려주는 게 좋다. 이런 이유 중 마음에 걸리는 게 있다면 변화를 주어보자.

요새는 천천히 먹을 수 있게 설계된 그릇이 나오기도 한다. 이런 그릇에는 바닥에 높은 돌기가 있어 빨리 먹는 반려견이 장애물 사이에서 사료를 조금씩 꺼내먹을 수밖에 없게끔 해준다. 이런 제품에 대한 반려견 행동 전문가들의 의견은 엇갈린다. 일부는 긍정적으로 평가하는 반면 다른 이들은 이 그릇이 단순히 반려견에게 좌절감을 준다고 보기도 한다. 빨리 먹는 이유가 심한 허기이거나 음식 주변에서 불안함을 느끼기 때문일 때는 더 큰 스트레스를 줄 수 있다고. 만약 반려견이 먹는 속도가 보통 정도라면(조금 급한 것 같지만 유별나 보이진 않다면) 이런 그릇은 당연히 필요하지 않을 것이다. 하지만 반려견이 너무 급하게 먹어 탈이 날 정도라면 시도해보는 것도 좋다. 식기를 바꾼다면 식사 시간에 태도가 달라지는지를 잘 확인하자. 만약 없던 불안함이 보일 경우 사용을 중단해야 하니까.

어디에서 먹여야 할까

어디에서든 밥을 잘 먹는 강아지도 있지만, 어떤 강아지들은 음식이 있을 때 주변에 방해 요소 없이 안전하다고 느껴야만 잘 먹기도 한다. 별로 예민하지 않은 개들일지라도 제일 좋은 것은 항상 같은 장소, 그리고 사람들이 자주 지나다니거나 방해하지 않을 만한 조용한 구석에서 주는 것이다. 편안하다고 안심할 수 있는 환경을 만들어주자.

무엇을 먹어야 할까요?
(시판 사료의 경우)

반려견이 어떤 사료를 먹고 있나요? 만약 괜찮아 보이는 패키지 디자인에, 가격도 적당하고,
강아지도 잘 먹는 사료를 골랐다면 원료가 무엇인지 확인해봅시다. 영양학적으로 더
나으면서 반려견이 똑같이 좋아할 만한 다른 선택지들을 발견할 수도 있으니까요.

선택지 확인하기

가장 대중적인 사료들은 다음 세 가지 타입으로 나뉜다. 알갱이나 비스킷 모양으로 나오는
건식 사료, 캔에 담긴 습식 사료 그리고 비교적 최근에 등장한 '에어 드라이' 사료. 건식
사료는 식품 건조기에서 수분을 말린 것이라고 보면 된다. 알갱이나 비스킷 타입의 건식
사료는 원재료를 섞은 다음 매우 높은 온도에서 쪄서 익힌 반죽을 만들고, 이를 튜브를 통해
압출해 작은 형태로 만든다. 그리고 강아지들이 좋아하는 지방과 향미료로 코팅을 한다. 습식
사료 역시 재료를 함께 섞은 후 높은 온도에서 조리된다. 조리 후 오염 물질이 들어가는 것을
방지하기 위해 많은 경우 판매용 용기에서 바로 조리한다. 이 사료들은 가공되는 과정에서
강아지들에게 해로운 박테리아가 포함될 가능성을 최소화한다. 가공식품이라고 영양가가
없다는 것을 의미하지는 않는다. 사료만 먹여도 영양학적으로 충분한 '올인원' 제품들이
시중에 충분히 나와 있다. 그래도 신선한 재료를 가지고 바로 만드는 식단보다 좋다고 하기는
어려울 것이다. 이에 대해서는 뒤에서 더 자세히 다룰 것이다.

'에어 드라이', 그러니까 공기로 건조하거나 수분을 제거한 사료는 비교적 덜 가공되었다고
할 수 있다. 원재료에서 단순히 수분을 제거할 뿐이니까! 그렇기 때문에 밀도가 훨씬 높고
(건과일을 떠올려보자), 건식/습식 사료에 비해 무게 대비 칼로리와 단백질 양도 많다. 그대로
주어도 좋지만, 양이 적어 보인다면 물에 불려주어도 된다.

포장지에 속지 않기

강아지 사료 패키징은 보통 밝고 쾌활한 색상에, 넓은 초원에서 뛰노는 행복한 강아지들이나 사료를 먹고 있는 귀여운 강아지의 그림이 인쇄되어 있기 마련이다. '자연 그대로(natural)', '첨가제 제로'와 같은 문구들이 분명 쓰여 있을 것이며, 강아지들이 스스로 사료를 고를 수 있다면 이 브랜드를 선택할 거라는 생각마저 들게 한다. 반려견에게 좋은 것을 먹이고 싶은 바람을 공략하는 마케팅이지만 이 광고를 읽는 우리는 제품의 최종 소비자가 아니며 광고에 쓰인 말들과 이미지는 그다지 의미가 없다. 실제로 필요한 정보들은 훨씬 작은 글씨로, 구석진 곳의 작은 표 안에 쓰여 있다. 진짜 중요한 것, 영양 성분 분석을 살펴보자.

보통 재료 가짓수가 적을수록 강아지들에게 영양학적으로 좋다고 볼 수 있어요. 라벨에 쓰인 원재료들을 읽을 때 생소한 것들이 없을수록 좋고요.

안에 뭐가 들었는지 확인했나요?

사람에게도 가공식품이 좋지 않다고들 하죠. 부엌에서 찾을 수 없는 재료가 많이
나열되어 있을수록, 가공이 많이 되어 있을수록 피하는 게 좋다고도 하고요. 반려견에게도
똑같답니다.

라벨 읽기

'치킨 앤 라이스', '비프 앤 캐롯'과 같은 사료의 이름은 건식이든 습식이든 별로 믿을 만한
것이 못 된다. 이름에 언급된 재료가 패키지에 사진으로 인쇄되어 있다면 원재료 함량에 그
재료가 얼마나 사용되었는지 명시되어야 한다. 라벨의 원료는 함량이 높은 순으로 나열된다.
그러니 가장 먼저 나열된 재료가 가장 많이 쓰였다는 뜻.

일단 알아볼 수 있는 재료들을 찾아보자. 좋은 제품이라면 '닭고기 68%'와 같은 식으로
상품명에 포함된 고기가 가장 위에 있어야 한다. 그다음 '쌀 12%, 당근 5%' 등의 부재료들이
있을 수 있고, 각종 (고기나 채소의) 건조 분말과 추출물이 적은 양으로 포함될 수 있다.
이상적으로는 주재료가 되는 고기의 함량이 60% 이상이면서 표기가 구체적일수록 좋다.
'닭살코기', '뼈를 발라낸 닭고기'와 '닭고기', '닭고기 분말(계육분)'은 분명히 다른 재료로,

그러면 뭐가 좋은데요?

라벨을 비교하다 보면 반려견의 건강에 어떤
제품이 더 좋을지 알 수 있어요. 꼭 피해야 할
제품을 알게 되기도 하고요.

후자는 제조업체에서 구할 수 있는 닭의
가장 저렴한 부위(주로 내장과 뼈)가 얼마나
들어갔는지 알 수 없으니 말이다. 같은
맥락에서 모호한 '육류'나 상세 원료를
표기하지 않은 각종 합제, 혼합, 믹스와
같은 부산물 역시 피할수록 좋다.

곡물 역시 마찬가지이다. '쌀', '귀리'
처럼 명확히 표기되지 않고 '곡류', '전분'
인 경우엔 주의할 필요가 있다. 밀이나 콩같이
알레르기를 일으킬 수 있는 곡물을 포함할 수 있기
때문. '오일과 지방', '야채 분말'과 같이 구체적이지

중요한 이유

사료의 단백질이 어떻게
만들어졌는지 알아야 하는 이유는
소화 가능한, 좋은 단백질에만 포함된
필수 아미노산이 강아지들의 건강에 꼭
필요하기 때문입니다. 각종 육류 파생물의
경우 소화 가능한 단백질이 적게
포함되므로 아미노산도 그만큼
줄어들겠죠.

않은 경우도 항상 좋지 않다. 건식 사료는 보통 습식 사료보다
곡물 함량이 더 많지만, 둘 다 원재료에서 고기가 가장 많이 들어가야 한다. 제일 나쁜
것은 단백질보다 곡류가 더 많이 들어갔거나, 쉽게 이해할 수 없는 모호한 이름의 재료들과
파생물이 포함된 경우이다. 이는 개들에게 정크 푸드에 해당한다고 봐도 무방하니 가능하면
피하자. 설탕이나 향료, 색소가 들어간 경우도 멀리하자. 반려견의 식단에 필요하지
않을뿐더러, 가공식품만 찾는 입맛이 되어버릴 수도 있으니 말이다.

그러니 부위가 구체적인 고기가 원재료의 첫 번째로 표기되어 있으면서(더 이상적으로는,
함량이 65% 이상이면서) 쉽게 이해할 수 있는 곡물 재료들이 이어지고 마지막에 각종 지방과
부가 재료들(뼈 분말, 해초 추출물 등)로 끝나는 사료를 선택하자.

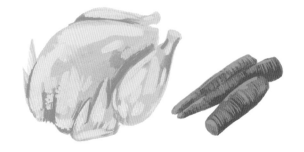

모호한 '육류', '곡류 추출물'이
아니라 '닭고기'와 '쌀'처럼,
원료명이 명료할수록 좋은
제품이라는 신호예요.
간식의 경우에도요.

그 외의 선택지들
(화식 혹은 생식)

만약 시판 제품을 먹이지 않겠다고 결심했다면, 어떤 것을 주어야 할까요? 어떤 사람들은 스스로 간편식을 먹지 않는 것과 같은 이유로 반려견에게 직접 요리를 해주기도 합니다. 다른 사람들은 음식을 날것 그대로 주기도 해요. 생식이 개의 몸에 가장 자연스러운 형태이기도 하니까요.

가정식

반려견을 위해 요리하는 게 어려운 일은 아니지만 알아두어야 할 주의 사항과 미리 준비해야 할 재료들이 있다. 여러 끼를 한 번에 준비하려면 냉장고에 공간도 비워두어야 한다. 만약 가정식으로 만들어주고 싶다면 시중에 이미 많이 나와 있는 반려견을 위한 요리책을

그러면 뭐가 좋은데요?

반려견의 특성이나 상태에 맞추어 직접 식단을 준비해주면 반려견이 좋아하는 음식을 주면서 동시에 영양학적으로 건강한 재료만 들어갔다는 것을 보장할 수 있지요. 그러니 반려견의 행복과 건강을 위한 일이라고 할 수 있어요.

시판 사료를 먹이든, 화식이나 생식을 먹이든 반려견의 털이 빛나고, 입냄새가 나지 않고, 기운이 넘친다면 제대로 먹이고 있다는 뜻이에요.

구비하는 것이 좋다. 개들에게 필요한 영양분을 놓치지 않으면서 다양한 음식을 만들어줄 수 있는 조리법이 체계적으로 나와 있으니까. 조리법은 대체로 복잡하지 않으니 레시피를 따라야 한다는 사실에 거부감을 느끼는 사람들도 포기하지 않기를! 예를 들어, 열두 끼니 분량의 식사를 준비하는 데에 고기와 몇 가지 채소, 밥 정도만 가지고 20분 안에 끝낼 수도 있다. 반려견에게 먹이는 방법도 특별히 다르지 않다. 소화기가 특별히 예민하거나 건강상의 이유로 특정한 식단을 따라야 하는 것이 아니라면 사료와 섞어주어도 무방하다. 시간이 충분할 때는 가정식으로, 여유가 없을 때는 시판 사료로, 때로는 둘을 섞어서 주어도 된다.

생식

예전엔 드물었지만 갈수록 점점 많은 사람이 반려견에게 생식을 주고 있다. 이들은 개의 역사를 봤을 때 생식이 가장 몸에 자연스러운 식단이라고 믿으며, 가정식처럼 어떤 재료가 들어갔는지 온전히 파악할 수 있는 것을 장점으로 꼽는다.

완전히 생식으로 바꾸기 전에, 몇 번 시도해보자. 대부분 잘 맞기는 하지만 간혹 위가 민감한 개들에게는 위장에 불편감이나 심한 방귀를 유발할 수도 있기 때문이다. 반려견이 생식을 좋아할 경우 생식을 차려주는 건 어려운 일이 아니지만, 가정식과 마찬가지로 영양을 골고루 챙기고 있는지를 확인하기 위해선 충분한 공부가 필요하다. (마니악한 경우엔 생닭을 포함한 많은 종류의 고기를 뼈채로 주기도 한다. 이렇게 먹을 땐 아무래도 주변이 지저분해질 수 있는데, 집에서라면 상관없으니!) 이게 과해 보인다면 제일 간편한 방법은, 시중에서 완전히 생식으로 만들어진 식사를 구매하는 것이다. 보통 생고기와 뼈, 야채 등을 모두 갈아 다진 고기의 형태로 나오는 제품들은 냉동으로 유통되기 때문에, 구매 전에 냉동실 공간을 비워두는 것도 잊지 말자.

생식을 고집하는 사람들은 조리한 음식보다 소화가 쉬우며, 이빨을 청결히 관리하고 입냄새를 없애는 데에도 도움이 된다고 주장한다. 털의 윤기와 에너지의 활기도 다르다고.

날음식을 개들이 어떻게 소화하나요?

사람과 달리 개들에게 날것을 소화하기가 쉬운 이유는 위에 산이 훨씬 많기 때문이랍니다. 덕분에 인간의 소화 기관보다, 소화시키고 나쁜 박테리아를 없애는 능력이 뛰어난 거죠.

간식

요새는 과체중인 개들이 많아지면서 아예 간식을 주지 않는 경우도 많아요. 하지만 건강한
간식을 만드는 방법도 충분히 다양합니다. 물론, 구매할 수도 있고요. 간식이 반려견의 일일
섭취량의 10%가 넘어가지만 않게 주의해주세요.

그 어떤 것이든 간식이 될 수 있어요

반려견이 좋아하는 것이라면 뭐든 간식이 될 수 있다. 만약 체중 조절이 필요하다면 건강하고
간단한 과채류를 주자. 많은 개들이 과일과 채소를 좋아한다. 브로콜리 줄기나 당근 조각,
사과/바나나 한 조각, 또는 오이, 무 조각을 주다보면 생각보다 열렬히 좋아하는 것을 발견할
수 있다.

날이 아주 더울 땐 자투리 고기들을 육수에 섞어 얼음틀에 얼려 주면 좋다. 요리를 하고
남은 재료들로 만들 경우 너무 짜지 않도록 주의할 것. 집에 있는 다른 재료들로 시도해볼 수
있는 건 삶은 달걀이나 썰고 남은 닭고기 조각, 치즈와 (짜지 않은) 소시지 등이 있다.

많은 사람들이 잘 모르고 있지만 개는 유당 불내증을 갖고 있다. 유당을 소화하는 데
필요한 락타아제 효소를 생성할 수 없기 때문에, 유제품은 간에 안 좋은 영향을 미칠 수
있다. 치즈는 일반적으로 가공 과정에서 유청이 분리되기 때문에 가끔 작은 양을 주는 것은
괜찮지만, 우유, 크림, 요거트는 안 좋을 수 있으니 절대로 많은 양을 주지 말자. 여기에서

그러면 뭐가 좋은데요?

건강한 재료 중 반려견이 좋아하는 것을 발견한다면
반려견을 설득해야할 때 아주 유용할 거예요. 행복하면서
건강하고 말까지 잘 듣는 반려견으로
키우는 법이랄까요.

기회를 엿본 많은 회사들이 반려견을 위한 아이스크림과 요거트를 출시하고 있는 추세이니 찾아보면 어렵지 않게 구매할 수 있을 것이다.

시판 간식

사료를 고를 때와 마찬가지로, 성분표시를 확인하자. 명료하게 적힌 단백질(소 간, 연어, 땅콩 등)이 목록 상단에 있어야 하고, 각종 합제와 혼합물은 없을수록 좋으며, 곡류는 뒷부분에 있거나 없어야 한다. 소량으로 급여하는 간식의 특성상 곡류는 단순히 부피를 늘리기 위한 저렴한 재료에 불과하다. 각종 색소, 향미증진제, 보존제를 비롯해 알 수 없는 이름이 잔뜩 적혀 있다면 그 제품은 내려놓자. 씹기 좋은 간식에 대한 정보는 86-87페이지에서 더 찾아볼 수 있다.

'당근'의 중요성

전통적인 관점에서는 개가 사람을 기쁘게 하려는 욕구가 강하기 때문에 보상이 없어도 지시에 따르는 법을 배울 것이라고 보았습니다. 하지만 요즘의 훈련 방식은 당근, 그러니까 보상을 중요시하고 있어요. 반려견이 우리가 원하는 행동을 했을 때, 그럴 만한 가치가 있다고 인식하게 해주어야 한다는 믿음을 바탕으로요.

신선한 과일과 채소는 그 자체로 훌륭한 간식이랍니다. 물론, 반려견의 취향을 물어봐야겠지만요.

홈메이드 간식

직접 반려견에게 간식을 만들어주고 싶을 때 참고할 만한 쉽고 맛있는 레시피 두 가지를 소개할게요. 강렬한 맛으로 강아지들을 홀릴 수 있을 거예요. 물론, 요리하고 식히는 동안에는 창문을 열어두어야 하겠지만요.

이 레시피는 꽤 많은 양의 간식을 만들어낸다. 요리 후에는 완전히 식을 때까지 기다리고, 작은 큐브 모양으로 잘라 냉장고에 보관하면 좋다. 2-3일 이내에 사용하지 않을 분량은 냉동시켰다가 필요할 때 해동해서 쓰면 된다.

실패하기도 어려운 간 큐브

간과 달걀을 같이 가는 것이 썩 유쾌한 일은 아니란 것만 빼면 믿을 수 없을 만큼 간단하다! 간식을 주었을 때 반려견의 열렬한 반응을 보면 그만한 가치가 있었다고 생각될 테니 일단 시도해보자.

재료

- 소 간 250g
- 계란 1개
- 쌀가루 100g(귀리 혹은 스펠트 밀가루로 대체 가능하지만 개들이 소화하기 어려울 수 있으니 밀가루는 피하자.)

오븐을 180도로 예열하고, 20cm가량의 사각형 틀에 유산지나 베이킹 호일을 깔아 준비한다.

간을 여러 조각으로 작게 자른 후 계란과 함께 믹서기에 넣고 부드러워질 때까지 갈아낸다.

내용물을 볼에 담고 쌀(혹은 대체 곡물)가루와 잘 섞어준다. 준비한 틀에 내용물을 담고 고르게 펴준다.

30분 동안 굽는다. 익힌 후에는 손가락으로 눌렀을 때 살짝 푹신하면서도 탄력이 느껴지는지 확인하자.

완전히 식을 때까지 틀째로 두었다가 1cm 크기의 큐브 형태로 자르면 끝.

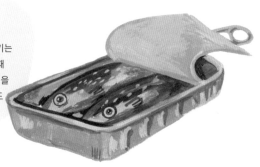

그러면
뭐가 좋은데요?

반려견이 먹는 모든 것을 직접 요리하기는
쉽지 않지만 직접 만든 간식을 주었을 때
잔뜩 신난 모습을 보면 마음이 사르르 녹을
거예요. 좋은 재료로만 만들었다는 것도
뿌듯할 거고요.

정어리 혹은 멸치 쿠키

기름진 생선은 사람한테만큼이나 개들에게도 좋다. 생선 오일과 계란을 섞으면 몸에 좋은
간식을 만들 수 있다. 멸치와 정어리를 섞기보다는, 하나를 골라 두 캔 정도를 쓰자. 정어리만
썼을 땐 조금 더 부드러운 질감이 나온다. 익히고 나면 꽤 부스러기가 떨어지는 질감이니
아까보다는 조금 크게, 1.5cm 정도로 자르자.

재료

- 기름에 절인 (짜지 않은)
  정어리 통조림 140g
- 기름에 절인 (짜지 않은)
  멸치 통조림 140g
- 계란 1개
- 귀리 혹은 쌀가루 120g
  (84페이지 참고)

오븐을 180도로 예열하고, 20cm 가량의 사각형 틀에
유산지나 베이킹 호일을 깔아 준비한다.

큰 볼에 통조림을 기름까지 담는다.

생선이 작게 부서질 때까지 계란과 함께 잘 섞는다. 큰
가시는 제거한 뒤 쌀가루(혹은 다른 곡물 가루)를 넣고 다시 잘
섞는다.

준비한 틀에 내용물을 담고 고르게 펴준다.

30분 동안 굽는다. 익힌 후에는 손가락으로 눌렀을 때
약간의 탄성이 느껴져야 한다.

완전히 식을 때까지 틀째로 두었다가 1.5cm 정도의
조각으로 자르면 끝!

깨물깨물 씹는 간식

강아지들은 뭐든 씹는 걸 참 좋아해요. 그런데 씹기가 꼭 필요한 행동이라는 것, 아셨나요? 집중해서 깨물고 씹는 행동은 스트레스나 지루함을 줄여주고, 목과 턱 근육의 발달에 좋은 데다가 치아를 깨끗이 관리하는 데에도 도움이 됩니다. 어린 강아지들에게는 이가 날 때의 통증을 줄여주기도 하고요.

씹을 만한 것들

사실 이빨이 들어가기만 한다면 그 무엇이든 씹을 거리가 될 수 있지만, 좋고 나쁨은 있기 마련이다. 애견 용품 판매점에서 쉽게 찾아볼 수 있는 것들 중에서는 황소의 생식기 (불리스틱), 염소 뿔, 돼지 귀 등을 추천할 만하다. '자연에서 온' 원료라는 점에서 사람들이 선호하기 때문에 요새는 일부 슈퍼마켓에서도 취급하기 시작했다. 불리스틱이나 돼지 귀처럼 냄새가 강할수록 개들에게 인기가 많은 경향이 있다. 동물의 부산물을 활용한 간식을 구매할 때는 염료나 지방에 담그지 않은 것을 구매하는 것이 좋다. 확실하지 않다면 점원에게 물어보자. 반려견은 뭐든 가리지 않겠지만, 건강에는 좋지 않은 선택이 될 수도 있으니까. 귀, 뿔과 같은 재료는 보기에 매력적이진 않지만, 모두 단백질이 풍부하고 오래 간다는 장점이 있다.

최근에는 조금 더 비싸지만 히말라야 야크 츄를 찾는 사람도 많아졌다. 야크 우유를 오래 끓여 막대 모양으로 만든 간식인데, 냄새가 나지 않으면서 놀랄 만큼 딱딱하다. 반려견이 하나를 거의 다 먹어갈 때, 마지막 2-3cm 정도를 전자레인지에 1분쯤 돌리면 돼지 껍질처럼 보이는, 바삭한 간식으로 탈바꿈할 수 있다. 대부분의 개들이 군침을 뚝뚝 흘리는 메뉴.

주변이 조금 지저분해지는 것이 큰 문제가 아니라면 뼈를 날것 상태로 주는 것도 좋은 선택이 될 수 있다. 다만 요리 후 남은 뼈, 굽거나 익힌 뼈의 경우엔 날카롭게 부서질 수 있으니 피해야 한다. 정육점에서 닭, 양, 소 등을 손질 후 남은 잡뼈를 얻어오는 것도 시도해보자. 사골뼈를 구해다준다면 반려견이 엉덩이 춤을 추는 것을 볼 수 있을 것이다!

신선한 사골 뼈 골수를 ▶
싫어하는 개는 거의 없어요.
하지만 실외에서 먹기를 추천할게요.

씹으면 안 좋은 것들

로우하이드, 하이드 껌이라고 불리는 소
가죽으로 만든 간식이 다양한 크기와
모양으로 나와 한참 유행했지만
나날이 주춤한 추세다. 그 이유는
로우하이드를 만들 때 표백과 염색
과정이 들어가는 데다가 개들이
소화하기도 어렵기 때문. 만약 큰
덩어리를 잘못 삼키면 배탈로 끝날 수도
있지만 최악의 경우 장폐색을 겪을 수도
있다.

우리 개에게
딱 맞는 츄는?

츄를 소화하기 어려워하는 강아지들도
있어요. 하지만 그렇다고 깨물고 씹는 재미를
빼앗아버릴 순 없죠. 이럴 땐 단단한 고무 재질의
장난감을 써보세요. 간식을 채울 수 있도록 속에
빈 공간이 있는 장난감이면 단번에 흥미를 끌
수 있을 거예요. 삶은 닭살코기를 으깨어
채워넣기를 추천해요.

　　이외에도 다양한 종류의 츄 스틱들이 있고
하나같이 반려견들의 치아 건강에 좋다고 광고하지만
이번에도 역시, 성분표시를 꼼꼼히 확인해야 한다. 각종 향료, 색소, 혼합/파생물들이
많이 들어간 제품은 피하자. 또 '반영구적'으로 사용할 수 있는 플라스틱/나일론 재질의
뼈 장난감들도 주의해야 한다. 너무 단단해서 치아가 상할 수도 있고, 어느 순간 떨어진
플라스틱 조각을 삼킬 수도 있으니 말이다.

그러면
뭐가 좋은데요?

물고 뜯는 시간은 강아지들이 긴장을
풀 수 있는 좋은 기회랍니다. 반려견과
잘 맞고, 안전한 간식을 찾아 마음껏
씹게 해준다면 강아지의 몸도 마음도
건강해질 거예요.

기타 등등
그리고 먹이면 안 되는 것들

반려견에게 먹이면 좋은 기타 등등의 것들을 소개할게요. 각종 영양 보충제와 절대로 먹이면 안 되는 것도요. 먼저 영양 보충제가 필요한지 알 수 있는 확실한 방법부터 이야기해볼까요?

영양 보충제, 먹여야 할까요?

많은 시판 사료의 원재료명을 살펴보면 끝부분에 각종 보충제가 등장하는 것을 알 수 있다. '비타민' 같은 것들이 추가되면 더 매력적인 상품처럼 보일 테니 말이다. 하지만 만약 반려견이 관절 통증처럼 구체적인 문제 때문에 보충제가 필요하다면 사료에 첨가된 형태로는 부족하다. 모든 보충제가 같은 효과를 내는 것은 아니니 충분히 알아보고 구매하자. 피부 가려움증이나 뻣뻣함처럼 자주 재발하는 문제가 있다면 일단 수의사와 상의하는 것이 먼저다. 그리고 보충제를 권장받는다면 감당할 수 있는 선에서 가장 좋은 제품을 고르는 게 좋다. 물론, 사람과 개의 보충제는 성분 구성이 다르니 반려견 전용 제품을 구입할 것.

알약을 쉽게 먹이는 방법

반려동물과 살다보면 언젠가는 약을 먹여야 할 때가 오기 마련이다. 어떤 개들은 치즈나 소시지 안에 알약을 숨기는 정도로도 쉽게 속아 한꺼번에 삼켜버리지만, 많은 개들은 정밀한 탐색 끝에 주변 간식만 삼키고 알약을 뱉어버리기도 한다. 그러니 아직 약을 먹일 필요가 없을 때 미리, 정기적으로 연습해두면 좋다. 몇 주에 한 번씩 치즈나 소시지처럼, 알약을 숨길 수 있는 간식 조각을 10개가량 준비한 다음 한 번에 2-3개씩 주어 빠르게 삼키도록 두자. 반복한다면 금새 익숙해질 테고, 언젠가 약을 먹여야 할 땐 세네 번째 조각에 숨겨 주면 간단히 먹일 수 있다. 반려견은 얼결에 간식과 함께 약을 삼키고, 또 간식이 계속 입안에 들어오기만을 기다릴 것이다.

절대로, 무조건 피할 것들

초콜릿과 건포도에 대해선 많이 알려져 있지만 그 외에도 개들이 먹으면 안 되는 음식은 많다.

- **아보카도** : 퍼신이라는 자연 독소를 함유하고 있다. 인간에게는 무해하지만 개에게는 독성이 있다.
- **초콜릿** : 카카오 고형분 비율이 높을수록 독성이 강하다. '반려견용' 초콜릿은 안전하지만 영양학적으로는 쓸모 없으니 더 좋은 간식을 찾아주자.
- **유제품** : 우유, 크림, 요거트는 모두 개들이 소화할 수 없는 락타아제를 함유하고 있다. 반면 치즈는 적은 양의 경우 괜찮다.
- **포도와 건포도** : 어떤 개들에게는 매우 독성이 강하지만 그 이유는 밝혀지지 않았다.
- **마카다미아 넛** : 역시 알 수 없는 이유로 개들에게 독성이 있다. 지방이 많기 때문에 어차피 개에게 좋지 않기도 하다.
- **씨앗이 있는 과일** : 체리, 살구 등 핵과류의 씨는 장염을 일으킬 수 있다. 반려견이 체리를 좋아하는 경우엔 씨를 빼고 주어야 한다.
- **자일리톨** : 치약, 껌, 일부 땅콩버터 및 많은 다이어트 식품에 쓰이는 천연 감미료지만 개들에게는 독성이 있으니 피할 것.

일반적으로 피하면 좋은 것들도 있다.
- **지방** : 기름기가 많은 음식은 극도로 고통스러운 췌장염을 유발할 수 있다. 지방이 많은 고기 부위나 기름진 음식은 주지 말자.
- **소금** : 사람 음식을 개들에게 주지 않는 주요한 이유이다. 개들에게는 너무 많은 양의 간이 되어 있기 때문.
- **설탕** : 소금과 마찬가지. 사람에게도 해당되는 이야기지만, 안 먹을수록 좋다. 필요하지도 않고.

(옆 페이지에 설명한 것처럼) 간식을 연달아 빨리 주는 것에 익숙해지면 아주 의심이 많은 개들에게도 약을 간단히 먹일 수 있어요.

음식으로 놀기

많은 사람들이 보상으로 간식을 사용하고 있겠지만, 놀이에도 사용할 수 있다는 사실은 잘 잊는 것 같아요. 집 안 곳곳 숨겨둔 간식을 찾거나, 간식을 숨긴 장난감이나 노즈워크 매트를 가지고 노는 건 개들에게 보람찬 활동이 됩니다.

간식 사냥

간식 찾기 놀이를 정기적으로 준비해주자. 잠자리 전이나, 한두 시간 혼자 두기 전에 간식을 신경써서 숨겨둔다면 그걸 찾으며 시간을 오래 보내게 할 수도 있다. 냄새가 나는 간식을 작은 크기로, 아주 많이 준비하자. 깨지기 쉬운 물건 근처를 피해 바닥 매트 모서리 아래, 열린 문 뒤의 구석, 커튼 뒤처럼 너무 쉽게 눈에 띄지 않는 장소에 하나씩 놓아둔다. 간식을 먹으려면 상자를 비워야 하게끔, 장난감 상자에 흩뿌려놓는 것도 좋다. 준비 과정을 반려견이 보지 못하게 다른 곳에 두었다가 함께 돌아다니며 놀이를 시작하면 된다. 간식을 찾을 때마다 응원과 칭찬을 해주고, 종종 힌트를 주기도 하며 놀이를 함께하면 수월하다. 익숙해지면 놀이를 시작해 반려견의 주의를 돌린 다음 곧바로 외출할 수 있다.

장난감에 간식을 채워두는 방법도 있다. 간식을 꺼내려면 굴려야 하는 형태나 딱딱한 고무 재질로 된 완두콩 형태의 장난감에다가 먹는 데에 시간이 걸리는 땅콩 버터(반려견용으로 만들어진 제품이면 좋지만 자일리톨이 들어있지만 않다면 일반 땅콩 버터도 무방하다)를 넣어 보자. 한 스푼을 안쪽에 발라두면 반려견 혼자서도 즐겁게 시간을 보낼 수 있다. 이 목적으로 반려견을 위해 땅콩 버터를 새로 구입할 생각이라면 구매 전 성분 표시를 확인하고 너무 많은 당이나 기타 첨가물이 든 제품은 피하는 것이 좋다.

노즈워크 매트나 장난감을 ▶
사용해 반려견이 먹이를
찾도록 노력하게 해주세요.
강아지들의 일상이 풍부해져요.

노즈워크 매트 만들기

노즈워크 매트는 보통 부직포처럼 단단한 재질의 천을 10cm 정도의 직사각형 모양으로 조각 낸 다음 매트에 빽빽하게 붙인 형태이다. 이 천 조각 사이에 작은 간식을 흩뿌리면 개들이 냄새를 맡고 찾아내며 놀 수 있다. 노즈워크 매트는 불안하거나 긴장한 개들에게도 좋은 활동이다. 가장 좋아하는 테이블 아래든, 사람들의 시선이 닿지 않는 어느 방 구석이든 반려견이 편안해하는 장소에 매트를 놓아줄 수 있으니 말이다.

시중에 다양한 종류의 매트가 판매되고 있지만, 집에서 직접 만드는 것도 가능하다. 못 쓰는 가구에서 오려낸 천이나 청바지 등을 가지고 대략 길이 10cm, 너비 5cm의 조각으로 잘라낸다. 여러 종류의 천 조각을 사용해도 무방하다. 조각들을 빼곡하게 겹쳐서 단단하게 매트에 바느질하면 끝. 반려견을 만족스럽게 해주려면 조각이 많이 쓰일수록 좋다.

그러면 뭐가 좋은데요?

산책을 오래 하거나 놀아줄 시간이 충분치 않을 때, 간식을 활용한 놀이를 준비해주면 반려견들의 심심한 일상에 재미를 더해줄 수 있어요.

휴식과 안정

반려견이 얼마나 잘 쉬고 있는지 신경을 쓰고 있나요?
자기만의 시간이 필요할 땐 알아서 조용히 쉬러 가는
개들도 있어요. 개들은 삶의 많은 부분을 잠으로
채웁니다. 하루에 적어도 14시간은 푹 쉬어야 해요.
깊게 쭉 자든, 잠깐씩 낮잠으로 채우든, 조용히 누워
있든 말이죠. 그러니 반려견이 어디에서 어떻게
쉬고 있는지 살펴보는 건 중요해요. 집에서 보내는
시간을 어떻게 하면 더 편안히 해줄 수 있을지도요.
이 챕터에서는 반려견이 최대한 안락하게 쉬고, 또
혼자서도 재미있게 놀 수 있는 환경에 대해 알아볼
거예요.

개들의 수면

애써 분석하지 않더라도 반려견을 보면 편히 쉬고 있는지 아닌지 단번에 알 수 있죠.
대부분의 개들이 아래 그림과 같은 자세를 보인 적이 한 번쯤 있을 거예요. 확실히, 어떤
자세들은 아주 깊이 잠든 것 같다는 느낌을 강하게 주죠?

수면 자세

옆으로 누워 다리를 쭉 뻗었거나,
아니면 등을 대고 누워 네 다리를
모두 허공에 들고 있는 자세는
보기만 해도 편안히 잠들었구나,
알 수 있게 해준다. 반려견이 이런
자세로 누워 있다면 무언가 갑자기
다가올까봐 경계하지도, 낯선 소리가
들리지는 않을지 신경쓰지도 않는
상태라는 뜻이다. 이때 설령 깊이 잠이
들지 않았더라도, 곧 숙면에 빠질 것이라고

개들의 오후

개들은 보통 해가 뜰 때와 질 때
가장 활동적이라고 알려져 있어요. 들개의
경우에는 아직 맞는 말일 수 있지만 최근 연구에
따르면 오늘날의 반려견들은 사람에게 맞추어
생체 리듬이 조정되었다고 해요. 우리처럼,
밤에 잠자고 낮에 대체로
깨어 있도록 말이죠.

봐도 무방하다. 반면 소파나 매트에 웅크리고 있는 자세는 그렇게까지 편안하지 않다는 신호다. 웅크린 자세에서는 배를 여전히 보호하고 있으니까(날이 쌀쌀할 때는 배를 따뜻하게 하려고 취한 자세일 수도 있다).

반면 엎드린 자세는 대체로 심리적으로 조금 더 경직된 상태를 뜻한다. 뒷다리를 개구리처럼 뻗었거나, 스핑크스처럼 앉았거나, 반려견이 고개를 앞다리에 얹고 엎드린 자세라면 눈을 감았다고 하더라도 방심하지 않고 있다는 뜻이다. 반려인이 신발을 신거나 주방 쪽으로 향하면 바로 벌떡 일어날 가능성이 높다. 반려견에게 소파나 편안한 쿠션이 깔린 바구니 등을 마련해주면 반쯤 누운 자세를 더 다양하게 볼 수 있다. 턱을 괴고, 뒷다리를 늘어뜨리고, 앞다리를 앞으로 쭉 뻗고... 이런 자세들은 대부분 완전히 긴장을 풀지 않았다는 것을 나타낸다. 반려견이 배를 보이고 누워 있거나 코를 골지 않는 한, 주변 상황을 어느 정도 의식하고 있다고 보면 된다.

자세가 중요한 이유

강아지들의 바디랭귀지는 밖에서 돌아다닐 때만큼이나 휴식할 때에도 중요하다. 보통 깨어 있을 땐 신경쓰지 않을 만한 조심스러운 손길도 숙면 상태에는 좋지 않을 수 있는데, 바디랭귀지를 통해 어떤 상태인지를 알아야 휴식 중인 반려견을 건드려서 놀라게 하지 않을 테니까. 나름대로의 이유로 힘든 하루를 보낸 반려견이 긴장을 풀고 스트레스를 풀어내는 시점을 알아줄 수도 있다. 개들은 운동을 많이 한 후뿐 아니라 문제를 해결하느라 정신적인 에너지를 많이 쓰고 나서도 깊이, 많이 잔다. 새로운 경험을 받아들이는 것이 개들에게 얼마나 피곤한 일인지 과소평가하지 말자. 철없는 강아지는 물론이고, 점잖은 성견들 역시 정보를 많이 받아들인 후엔 몇 시간 동안 쓰러져 잠드는 게 자연스러운 일이다.

◀ **등을 바닥에 대고 완전히 드러누워서 네 다리를 풀어헤친 듯한 자세는 아주 편안하게, 만족스럽게 쉬고 있다는 뜻이에요.**

개들의 잠자리

개들은 대체로 아무 데서나 잘 잡니다. 거실의 햇살 좋은 곳을 찾아다니며 자기도 하고, 해가 진 후 티비 앞 소파에서 졸기도 하고, 반려인이 잠든 침대 위에 슬며시 올라와 자기도 하죠. 반려견만의 자리든 아니든 최대한 편하게 쉴 수 있게 해주면 좋겠죠?

침대에 관하여

일단, 침대에서 자게 할 것인지 말 것인지를 결정하자. 반려견용 침대가 아니라 반려인의 침대에 관한 이야기이다. 설문 조사 결과, 영국과 미국의 반려인들은 거의 절반이 반려견이 종종 사람의 침대에서 잔다고 답했다. 여기서 가장 중요한 건 일관성이다. 만약 침대에 반려견이 올라오길 바라지 않는다면, 예외를 단 한 번도 두지 말아야 한다. 이를 지키지 못한다면 반려견은 혼란스럽게 느낄 수 있다. 한 가지 타협안은 반려견 전용 침대를 침실에 같이 두는 것이다. 만약 반려견이 침대에 올라와도 무방하다면, 그리고 반려견과 함께 자는 것이 행복하다면 '개와 함께 자면 서열이 무너진다'는 오래된 미신은 무시하자. 반려견에게 침대에서 내려가라고 지시했을 때 잘 내려간다면 문제가 없는 것이니. 대부분의 개들은 자신의 '무리'와 잠자리를 공유하고 싶어 하지만 홀로 독립적으로 자는 것을 좋아하는 개들도 있으니 성향을 존중해주자.

가구 옮기기

모든 개는 자신만의 공간이 필요하다. 그곳에선 누구에게도 방해받지 않고 쉴 수 있다는 걸 알려주어야 한다. 만약 집에 아이들이 있다면, 반려견이 자신의 공간에 있을 땐 가만히 내버려두도록 규칙을 세우고 지키도록 하자. 그렇다면, 반려견의 침대는 어디에 있어야 할까? 어떤 개들은 항상 반려인의 곁에 있고 싶어 할 것이고, 또 다른 개들은 혼자 있는 걸

아무리 좋은 쉼터를 마련해주어도 ▶
많은 개들이 꼭 사람들의 자리에 앉곤 해요!

더 편안해지만 대체로는 기분에 따라 그때그때 다를 것이다. 개들의 취향은 제각각이지만 일단 주방이나 거실을 지나는 주요 동선은 피하자. 집 안 많은 곳을 지켜볼 수 있는 구석을 위주로 쿠션이나 침대, 텐트 등을 놔주는 것이 좋다. 약간의 거리를 두고, 집 안에서 일어나는 일들을 지켜볼 수 있도록. 쉴 때는 온전히 혼자 있는 걸 선호하는 개들도 있다. 만약 반려견이 이런 유형이라면, 좀 더 구석진 곳에 자리를 마련해주자. 그리고 침대는 언제든 옮길 수 있다는 걸 잊지 말자. 물론, 한 치의 예외 없이 항상 같은 자리를 고집하는 개들도 있을 수 있다. 또, 마련해준 자리가 마음에 안 들 경우 보통은 다른 곳에서 잠을 잘 테지만, 자기 주장이 강한 개들은 스스로 침대를 옮기기도 한다. 그러니 반려견이 침대 자체는 편안해하는 것 같은데 종종 다른 곳에서 잠을 잔다면, 그곳으로 침대를 옮겨주자. 쿠션과 텐트 등의 쉼터는 곳곳에 많이 만들어줄수록 좋다. 어차피 제일 자주, 오래 눕는 곳은 거실 소파겠지만.

그러면
뭐가 좋은데요?

딱 한 곳에서만 자는 개들은 드물어요.
그러니 쉴 수 있는 곳을 많이 만들어
줄수록 만족스러울 수밖에요.

자기만의 침대

침대는 반려견을 입양하고 나서 가장 먼저 사는 것 중에 하나예요. 요즘엔 예쁘고 편안해 보이는 침대가 참 많아요. 종류도 다양하고요. 메모리폼 매트리스, 보드라운 각종 패브릭, 세탁 가능한 커버... 무엇을 사야 좋을까요? 반려견은 뭘 좋아할까요?

솔직해지기

일단, 우아한 색상과 모던한 디자인의 폭신한 침대가 반려견을 위한 것인지, 나를 위한 것인지 잘 생각해보자. 반려견에게 편안한 잠자리를 만들어주는 데에는 사실 돈이 거의 들지 않는다. 많은 개들은 단단한 박스에 세탁이 가능한 담요를 여러 겹 깔아주기만 해도 좋아하니까. 물론, 내 마음에 드는 디자인의 침대를 사는 것이 문제는 아니지만 가능하다면 반려견과 함께 쇼핑하러 가서 직접 사용하도록 유도해보자. 비싼 제품이 그저 인테리어 소품으로 전락하면 아쉬우니 말이다.

침대를 찾는 데 너무 다양한 선택지들이 있어 고민이라면 반려견이 자는 모습을 떠올려보자. 만약 턱을 어딘가에 올려놓거나 둥글게 몸을 말고 있는 것을 좋아한다면 가장자리가 살짝 높은 도넛 모양의 침대가 좋을 수 있다. 반면 엎드린 자세든, 옆으로 누운 자세든 평평하게 자는 반려견에겐 몸집보다 큰 집을 마련해주는 게 좋다. 옆면과 천장이 덮힌 텐트나 돔·상자 같은 형태에, 온몸을 쭉 뻗어도 불편하지 않을 크기의 바닥 쿠션이 깔려있는지 확인하자.

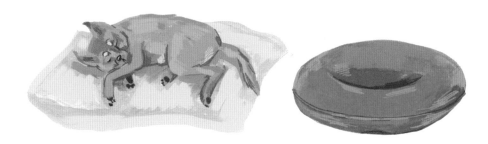

대안

만약 반려견이 절대로 침대를 사용하지 않는다면? 항상 사람 소파나 의자에서 자는 걸 고집하는 경우라면 반려견용 러그나 담요를 몇 개 구입해서 좋아하는 자리에 깔아주자. 강아지 시절 켄넬 훈련을 받은 경우엔 잠자리도 견고한 지붕이 있는 켄넬을 선호할 수 있다. 보통 켄넬의 디자인이 예쁘긴 어려우니 거슬린다면 좋아하는 패브릭이나 담요를 덮어서 어느 정도 해결할 수 있다.

노령견을 위한 침대

반려견의 침대도 생애 주기에 맞춰 바꿔 바꾸어주는 게 좋다. 반려견이 나이드는 과정을 지켜보며 잠자리를 여전히 편안해하는지 확인해야 한다. 침대에서 뛰어내리는 게 어려워졌다면 계단이나 경사로를 놓아주자. 구하기 어렵지 않고, 적당히 만들어도 무방하다. 반려인이 매번 들어 올려주는 것보단 스스로 움직일 수 있도록 환경을 만들어주는 것이 좋다. 관절 통증이 있는 경우라면 바닥 매트가 두꺼운 제품, 혹은 푹신한 양가죽 쿠션을 반려견이 좋아하는 곳에 옮겨가며 놓아주자. 이 시기엔 입구에 턱이 있어 안으로 '들어가야' 하는 형태보다는 곧바로 누울 수 있는, 평평한 침대가 더 적합하다.

침대를 고를 때 반려견의 나이와 건강도 고려해야 해요. 나이가 들수록 등을 기댈 면이 있는 박스나 도넛 형태의 침대를 좋아할 수 있어요.

그러면 뭐가 좋은데요?

잘 맞는 침대를 고르면 매일 반려견이 그 위로 올라가 빙글빙글 돌며 자리를 잡는 모습, 그러다 만족스런 한숨을 쉬며 눕는 귀여운 모습을 더 자주 볼 수 있을 거예요.

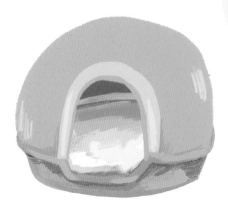

쓰다듬기와 신뢰

숙면 중인 개는 당연히 만지지 말아야 하지만, 나른히 졸고 있는 개는 쓰다듬는 손길에
익숙해지게 할 수 있는 좋은 상태예요. 그리고 손길에 익숙해질수록 반려견을 안정시키고
가만히 있게 해야 할 때 도움이 됩니다. 동물병원에서 진찰을 받을 때처럼요.

허락 받았나요?

개들은 많은 것들을 참고 산다. 우리가 당연히 여기는 가장 흔한 실례는 의사를 확인하지
않고 불쑥 만지는 경우일 것이다. 어떤 개들은 쓰다듬는 것을 너무 좋아해서 불편한 순간까지
참아내기도 하지만 신뢰가 무엇보다 중요하다. 우리가 반려견을 존중할수록, 반려견도
우리를 존중할 것이란 걸 잊지 말자.

신뢰하는 사람으로부터라면
부드러운 귀 마사지,
너무 좋아요!

그러면
뭐가 좋은데요?

반려견이 동의한, 편안한 상태에서
자주 쓰다듬고 만질수록 반려인을 향한
신뢰가 계속 커질 거예요.

강아지를 만져도 괜찮은지는 간단히 확인할 수 있다. 잠시 쓰다듬기를 멈추고 더 원하는 것 같은지, 다가오는지를 살펴보자. 손길을 열렬히 반기는 개들은 계속 하라는 뜻으로 발로 사람을 건드리거나, 배를 보이며 드러누울 수도 있다. 반면 언짢은 개들은 조금 물러서거나 아예 자리를 떠버리기도 한다. 하지만 상처받지 말자. 개에게 선택권을 주고, 무언가를 원하는지 아닌지 의사표현할 수 있게 해주는 것이 중요하니까. 반려인의 강요를 참아야 한다고 느끼게 하는 건 장기적으로 관계에 좋지 않다.

전략적으로, 신중하게

가까운 사람들의 손길을 받을 땐 편안함을 느낄 수 있지만, 낯선 사람들이 갑자기 친한 척하며 다가오는 경우엔 반려견도 스트레스가 심할 수 있어요. 우리가 '보호자'라는 걸 잊지 말아야 해요. 선한 의도일지라도 낯선 사람이 불쑥 다가가 반려견을 만지려고 한다면 재빨리 막아서는 게 우리의 역할입니다. 반려견의 성격이 예민하다면 더더욱요.

그루밍과 마사지

나른한 휴식 시간은 간단히 그루밍을 하기에도 좋다. 털이 짧고 매끈한 개들은 손바닥에 부드러운 고무 재질의 브러쉬가 달린 장갑으로 쓰다듬을 때의 마사지 같은 느낌을 좋아한다. 살살 쓸어내려주면 빠진 털들도 쉽게 제거할 수 있다. 장모종의 개들은 대체로 빗질을 좋아한다. 하지만, 휴식 시간이니만큼 온몸의 털을 샅샅이 다 빗겠다는 욕심은 내려놓자.

개들에게 해줄 수 있는 기본적인 마사지 방법도 있다. 손에 힘을 빼고, 가볍게 머리를 쓰다듬는 걸로 시작해보자. 엄지손가락으로 눈 사이에서 시작해 머리 꼭대기를 넘어 목덜미 끝까지 부드럽게 밀어넘긴다(만약 반려견이 좋아하지 않는다면, 바로 멈추고 다른 익숙한 방법으로 쓰다듬자). 좋아하는 것 같다면 귀 마사지도 시도해볼 수 있다. 엄지손가락을 귀 안쪽, 머리와 가까운 부분에 대고 집게 손가락을 같은 위치의 귀 바깥쪽에 놓은 뒤 두 손가락을 부드럽게 귀 끝쪽으로 밀어당기듯 쓸어준다. 마지막으로 등 마사지는 양손의 엄지를 척추 양옆에 대고 어깨 부근에서 꼬리까지 쓸어내리면 된다. 가볍고 부드럽게 시작해서, 압력을 조절해보자.

우리 집 냄새

후각이 고도로 발달한 만큼, 개들은 '우리 집'도 코로 받아들여요. 그러니 청소 용품이든, 방향제든 향이 강한 화학 제품들은 최소화하는 게 좋겠죠. 우리의 건강에도, 반려견에게도 좋을 게 없으니까요.

인위적인 향

개의 코가 냄새 분자를 얼마나 잘 포착하는지, 그리고 보통 방향제가 개의 코 높이와 얼마나 가까이에 놓이는지를 생각해보라. (특히 콘센트에 꽂는 타입은 더더욱) 같은 공간에 있더라도 사람보다 반려견이 훨씬 많이 들이마시게 된다. 그러니 제품이 어떤 성분으로 구성되어 있는지를 꼭 확인해보자. "천연 향료", "생화 추출" 같은 문구가 적혀 있는 제품도 실제로는 포름알데히드나 나프탈렌 등 불쾌한 화학물질을 포함하고 있을 수 있다.
"천연", "에센셜 오일"과 같은 단어는 무해할 것 같은 인상을 주지만 때로는 반려견에게 독성이 되는 물질을 포함할 때도 있으니 주의해야 한다. 특히 플러그인 타입의 방향제는 개들의 눈높이에서 한 시간에 몇 번씩이나 향료들을 내뿜으니 추천하고 싶지 않다. 아주 해롭지는 않지만 굳이 사용할 이유도 없는 다른 제품들로는 룸 스프레이, 강한 향의 캔들과 디퓨저, 그리고 향이 강한 섬유 탈취제 등이 있다. 이 제품들은 모두 개의 코로 들어갈 테고, 사람에게도 좋을 게 없지만 개들에게는 더욱 나쁜 영향을 미친다.

기본 중에 기본

대안은 간단하다. 심지어 더 저렴하기까지 하다. 가장 기본적인 무향 제품을 선택하고, 종종 향을 더하고 싶다면 오렌지 블라썸이나 장미수처럼 확실히 무해한 것들을 조금 추가하자. 탈취제를 쓰기보다는 신선한 공기를 선택하자. 가능할 때마다 창문을 열고, 쉽게 세탁할 수 있는 커버를 반려견이 올라갈 수 있는 가구에 씌워두면 도움이 된다. 젖은 개 냄새가 나기 시작할 때 간단히 세탁하면 되니까. 아주 순한 향일지라도, 그 어떤 스프레이도 반려견의 침대나 침구 근처에는 절대 뿌리지 않아야 한다. 너무 당연하게, 혹은 너무 고집스럽게 들릴 수 있지만 이 방법이 사람에게나 반려견에게나 더 건강한 방법이라는 것은 확실하다! 사람에게는 작은 차이일 수 있지만, 반려견에게는 아주 큰 차이일 수 있다는 것을 명심하자.

그러면
뭐가 좋은데요?

향이 없는 제품을 쓸수록 반려견의
건강 위협 요소를 줄인다고 생각하면
돼요. 집 안 전체가 안전한지
점검해보세요.

신선한 공기로 환기하고, 커버를
자주 세탁한다면 방향제를 쓰지 않아도
좋은 냄새가 날 거예요. 반려견의 코를
피로하지 않게 하는 것은 물론이고요.

안전한 향들

만약 디퓨저와 향초를 포기하기가 정 아쉽다면 아로마 테라피와 에센셜 오일의
효과에 대해 찾아보세요. 아로마 테라피는 사람뿐 아니라 개에게도 미치는 영향이
비교적 잘 정리된 대체 치료법이에요. 어떤 오일이 유익할 수 있는지, 어느 정도의
양이 적당한지를 알아봐요. 반려견도 아로마 테라피를 좋아할 수 있거든요. 하지만,
시도해보기 전에 어떻게 해야 안전한지 미리 충분히 조사해야 해요.

느긋한 놀이

일이 바빠 놀아줄 시간을 내기 어려울 때 반려견들은 어떻게 시간을 보내야 할까요? 만약 밥을 먹고 운동도 한 상태라면 대체로 낮잠을 잘 테지만 몇몇 장난감을 마련해주면 틈틈이 혼자서도 잘 놀 수 있을 거예요. 오래 씹을 수 있는 츄, 간식이 들어 있는 장난감, 삑삑이 인형 같은 것들요.

그러면 뭐가 좋은데요?

놀아줄 수 있는 사람이 없을 때 반려견 스스로 시간 보내는 법을 알게 되면 자신감이 커져요. 혼자서도 가지고 놀 수 있는 장난감이 있으면 쉽겠죠?

다양한 소재가 들어 있는 복잡한 인형 장난감들, 삑삑이가 곳곳에 달려 있고 찍찍이가 붙어 있거나, 내부에 채워진 부분을 잔뜩 헤집고 꺼낼 수 있는 형태의 장난감은 다양한 질감과 소리로 반려견을 즐겁게 해줘요.

시간이 걸리는 장난감

주위에 있는 재료로 얼마든지 장난감을 직접 만들어줄 수 있지만, '삑삑이 장난감' 만큼은 가게에서 사는 것이 최선이다. 모든 개가 좋아하는 건 아니지만, 삑삑이에 특히 열광하는 개들이 있으므로 튼튼한 장난감을 찾아보자. 익숙해지면 배를 가르고 소리내는 부분을 꺼내는 데 능숙해지기도 하니까.

삑삑이 장난감은 보통 플라스틱이나 고무 재질이 많고, 봉제 인형 안에 들어있는 경우도 있다. 플라스틱, 고무로 된 것들은 소리가 더 날카롭고, 깨물었을 때 조각나기도 쉽기 때문에 여럿이서 놀 때 더 적합하다. 반면 부드러운 인형 타입은 혼자 놀 때 좋다. 대부분의 개들은 느긋히 쉬면서 입으로 이곳저곳 깨물어보고, 건드리며 조용히 잘 논다. 물론, 더 기운차게 놀 때도 쓸 수 있다.

시도해볼 만한 인기 장난감

봉제 인형과 같은 형태인데 내부에 여러 개의 삑삑이 장난감들이 숨겨져 있는 제품을 찾아보자. 바나나 모양 인형 안에 원숭이 삼총사가 들어 있다거나, 컵라면 모양의 인형 안에 삑삑이가 달린 면발 같은 패브릭이 잔뜩 들어 있다거나 하는 제품들. 이런 장난감들은 반려견이 집중해서 혼자 시간을 잘 보내는 데 효과적이고, 또 간식으로 크게 동기부여되지 않는 경우에도 좋다. 귀여운 디자인은 돈을 쓰는 반려인을 겨냥한 것이지만 복잡한 구조는 호기심 많은 개들에게 안성맞춤이다. 작은 장난감들을 하나씩 꺼낼 수 있고, 코로 킁킁대고, 찔러보고, 입으로 씹으면 소리까지 나니까. 다만, 반려견이 물건을 조각조각 뜯어내는 데 꽤나 소질이 있다면 넘겨주기 전에 내구성을 확인하자. 삑삑이를 삼켜서 병원에 가는 일이 없도록. 혹은, 일하는 중간중간 별 탈이 없는지 한 번씩 지켜볼 수 있는 곳에서 가지고 놀도록 하는 것이 안전하다.

까다로운 고객을 위한 장난감

물어뜯는 데 아주 탁월한 반려견이나, 막 이가 나고 있는 강아지의 경우엔 더 단단한 장난감이 필요할 수 있다. 간식을 너무 많이 먹이는 게 걱정이라면 간식을 채우지 않은 노즈워크 장난감을 주어도 좋다. 단단한 고무 재질의 링이나 공 모양의 장난감도 추천할 만하다. 표면에 돌기가 있다면 반려견이 훨씬 만족스럽게 씹어댈 것이다.

짧은 놀이들

집에 할 일이 많더라도 잠깐씩 시간을 내 반려견과 같이 뛰어다니거나 장난감으로 놀아주는
것을 잊지 마세요. 몇 시간마다 한 번씩은 쉴텐데, 그때마다 놀아주기만 해도 교감하는
시간을 충분히 채울 수 있어요. 이렇게 잠깐 시간을 낼 때는 어떻게 놀아주는 게 좋을까요?

십 분짜리 놀이들

• **복도 공놀이**

만약 거실이나 복도를 가로질러 몇 미터 정도의 직선 공간을 확보할 수 있다면 바닥에
앉아 공을 던지고 물어오는 놀이를 시도해보자. 계단에서 공 물어오기를 한다면 훨씬
많은 에너지를 빠르게 소모시킬 수 있다. 반려인은 가만 앉아서 계단 아래로 공을 던지고
가져오도록 응원해주기만 하면 된다. 익숙해진다면 반려인이 다시 일하러 갔을 때 반려견이
스스로 공을 떨어뜨리고 가져오며 놀 수도 있다. 사람이 계단 아래에 있고, 반려견이 계단
위에 있는 경우엔 공을 던져 입으로 물어서 잡는 놀이도 가능하다. 공을 다시 순순히
사람에게 패스하기만 한다면. 공을 바닥에 떨어뜨리지 않고 몇 번이나 반복할 수 있는지
세어보자!

• **보물 찾기**

유명한 머핀 틴 게임에 대해 이미 들어봤을 수도 있지만 혹 처음 들어본다면 꼭 시도해보자.
쉽고 간단하고 재미있으니까! 일단 머핀이나 컵케이크를 굽는 베이킹 틀과 테니스 공이 많이
필요하다. 각 홈에 작은 간식을 넣고 테니스 공으로 덮으면 끝. 처음 시도할 때는 간식 하나를
덮지 않고 남겨두었다가, 반려견이 먹을 때 격한 칭찬과 함께 더 찾아보도록 응원해주자.
테니스 공을 코나 발로 건드릴 때마다 칭찬한다면 대부분의 개들은 몇 번의 시도 만에
게임을 이해한다.

어떤 개들은 계단을 이용해 스스로 공놀이를 ▶
할 수 있다는 사실을 깨닫기도 해요!

- **낚시 게임**

보통 고양이들과 놀아줄 때 많이 쓰는 도구지만 개들도 이 놀이를 좋아한다. 장난감을 끈에
묶고, 끈의 다른 쪽 끝을 막대기에 묶으면 준비는 끝. 하늘거리는 꼬리가 달린 인형이나 터그
장난감, 대나무 식물 지지대처럼 튼튼한 막대면 충분하다. 그런 다음 장난감을 바닥에 끌면서
반려견의 주의를 끌어보자. 문을 넘어가기도, 모서리를 돌기도 하면서 재미있게 해주면
반려견은 곧 움직이는 장난감을 따라올 것이다. 시간이 허락하는 만큼 장난감을 요리조리
흔들면서 놀아주고, 끝마칠 때에는 반려견이 장난감 사냥에 성공한 것처럼 해주자. 끈에서
장난감을 풀어주면 혼자서도 가지고 놀며 시간을 보낼 것이다.

**그러면
뭐가 좋은데요?**

누구나 가끔은 지루한 날을
보내는 게 당연하지만 잠깐 시간을 내
반려견과 놀아준다면, 단 10분만으로도
옥시토신 레벨을 높일 수 있어요. 반려견과
반려인도 모두요! 잠시 놀고 나면 반려견도
당연히 만족스럽겠지만, 반려인도 책상에
앉는 기분이 상쾌할 거예요.

생애 주기

**이 마지막 장에서는 반려견과 살며 지나게 되는 생의
단계를 톺아볼 거예요.** 이가 막 나기 시작한 강아지
시절과 질풍노도의 사춘기에는 어떻게 대처해야
하는지부터 점잖아지는 성견 때는 어떤 사회 생활
경험을 만들어줄 수 있는지, 그리고 행동이 느려지는
노령견들의 삶의 질을 유지하려면 어떻게 해야 하는지에
대해서요.

믿을 수 없을 만큼 놀라운 강아지의 물고 뜯는 능력에 관해

강아지들이 얼마나 주변의 모든 것을 씹어대는지, 처음 보면 많은 사람들이 충격을 받을 정도입니다. 이 아기 상어를 다루기 위해서는 엄격하게 대하면서 씹어도 안전한 것들을 충분히 제공해주는 수밖에는 없어요. 씹으면 안 되는 것들은 모두 높은 곳으로 치워두어야 하고요.

두 번의 이앓이

보통 유치가 빠질 때만을 이갈이 시기라고 부르지만 개의 이빨이 나는 시기는 두 단계로 나뉜다.

1. 강아지가 젖니에 익숙해지는 단계(약 3주령부터)
2. 유치가 빠지고 영구치가 나는 조금 더 긴 기간(약 3개월령부터)

유치가 빠지고 영구치가 완전히 자리잡기까지는 거의 아홉 달까지도 걸릴 수 있다. 이 시기는 개마다 다르게 찾아오는 데다가 예측할 수도 없으므로, 미리 장기적인 대비책을 마련해놓는 것이 최선이다.

이가 날 때는 아프다. 아픔을 달래려고 자꾸 무언가 씹으려는 것이니 이때 강아지를 무시하거나 짜증내지 말자. 대신 신발이나 가방, 책처럼 씹기 좋은 물건들은 강아지가 꺼낼 수 없는 높은 곳으로 모두 치워두자. 낮은 테이블과 바닥에 있는 것들은 강아지가 씹어도 무방한 것들이라고 생각하고 정리하는 것이 편하다. 그러고 나서 매력적인 씹을 거리를 충분히 제공해주자.

뭐든지 씹을 수 있어요

개껌과 같은 제품('덴탈 츄')에는 강아지에게 불필요한 성분들이 가득하므로 피하는 게 좋다. 창의적으로 생각해보자. 맛과 질감이 다양할수록 강아지들이 기분에 따라 골라 씹는

버리려던 신발이 있다면 의류수거함 ▶
대신 강아지에게 주어보세요.

재미가 있을 것이다. 강아지들이 과일과 채소를 안 좋아할 것이라고 단정하지 말고, 우리 집 반려견이 어떤 것들을 잘 먹는지 살펴보기를 추천한다(82-83페이지 참고). 반려견이 좋아하는 맛을 찾았다면 얼려서 주는 것도 좋다. 뜨겁고 아픈 잇몸에 냉찜질의 효과를 줄 수 있기 때문. 바나나와 수박처럼 부드러운 과일도 얼린다면 강아지들에게 충분히 매력적인 씹을 거리가 된다.

혹은 아이스크림 겸 씹기 장난감을 만들어볼 수도 있다. 간식을 넣을 수 있게 속이 비어 있는 단단한 고무 재질의 장난감에(필요한 경우 한쪽 끝을 랩으로 감싼 후) 소금 간을 하지 않은 육수를 넣어 흐르지 않도록 똑바로 세운 채로 얼리면 금세 완성. 다만 반려견이 먹을 때는 주변이 지저분해질 수 있으니 가능하면 베란다나 야외에서 주기를 추천한다. 직접 만들 수 있는 다른 장난감에 대해서는 86-87페이지를 참고.

강아지가 마주치는 모든 신발은 깨물어보지 않고 지나가기엔 참을 수 없이 유혹적인 물건이라는 것을 명심하자. 사람이 신는 신발이라면 꼭 높은 곳에 치워두고, 깨물어도 무방할 만큼 아주 낡은 운동화나 슬리퍼를 주어 씹게 하자. 끈은 미리 제거하고, 삼킬 수 있을 만한 조각이 떨어져 나오지 않는지 지켜봐야 한다. 또는 필요 없는 책 두어 권을 주어도 좋다. 다만 이 경우 씹어도 되는 책(신발)과 아닌 책(신발)을 강아지가 구분할 수 있을 리 없으니 다른 물건을 잘 치워두는 것이 중요하다.

그러면
뭐가 좋은데요?

이빨이 나는 시기의 강아지에게
씹을 수 있는 것들을 다양하게 마련해준다면
반려견을 행복하게 해줄 뿐 아니라,
아끼는 물건이 망가질 위험에서도
벗어날 수 있어요.

강아지 다루기

어린 강아지들의 귀여움은 천하무적이라, 많은 사람들이 보자마자 안아들고 쓰다듬고 싶어 합니다. 다행히 강아지들이 대체로 쓰다듬어주는 걸 좋아하기는 하지만, 강아지의 생애 초반 몇 개월은 아주 중요한 시기이니 조심해야 해요. 이때 어떻게 다루느냐에 따라서 평생 사람을 대하는 태도와 습관이 형성되거든요.

어리둥절하게 만들지 않기

어린 강아지들을 어리둥절하게 만드는 상황은 꽤 흔하다. 뒤뚱거리며 돌아다니는 모습은 그 자체로 귀엽고 사랑스러우므로 주변 사람들은 높은 목소리로 온갖 추임새를 넣으며("어머!", "아이고아이고!") 가까이 다가가 북돋아준다. 과도한 자극을 받고 피곤해진 강아지는 점점 과열 상태가 되어 뛰어오르고 물기 시작하는데 이때 사람들은 쉽게 정색하며 야단친다. 몇 분 전만 해도 만지고 안아주던 손이 갑자기 밀쳐내고, 사랑스럽던 목소리가 차가워진다면 강아지는 혼란스러울 수밖에 없지 않을까? 예뻐해주어서 더 했을 뿐인데 갑자기 혼을 내니 말이다. 강아지의 입장에서는 아무것도 학습할 수 없는 상황이다. 자주 반복된다면 반려인에게 신뢰를 잃고 지시를 따르지 않게 된다.

그러면 뭐가 좋은데요?

강아지를 안거나 만질 때 신중하게 다가가고 또 차분히 놀아준다면, 강아지가 피곤해졌을 때도 갑자기 물거나 짖는 등의 돌발 행동을 보이지 않을 거예요.

존중해주세요

다행인 것은 강아지의 주변인들이
모두 정해진 규칙을 따른다면, 이런
혼란을 피할 수 있다는 것이다.

　일단, 강아지를 만질 땐
성견을 대하듯 존중해주자.
강아지를 에워싸거나 여러
사람들에게 안아보도록
전달하지 않아야 한다. 특히나
처음 보는 사람들이라면 더더욱.
누군가를 소개할 때는 한 번에
한 사람씩 만나게 하는 것이 좋다.
여러 사람들의 품에 넘겨지는 것은
수줍은 강아지가 감당하기 벅찰 수 있고, 발랄한
강아지의 경우 과한 흥분에 빠질 수 있다.

부끄럼 많은 강아지

강아지가 어색하거나 쑥스러워 보일
때는 누군가에게 인사하고, 다가가도록
강요하지 마세요. 강아지들에게는 '의젓하게',
'용기낸다'라는 개념이 없으니까요. 반려견이
숨어버린다면 그대로 두고, 다른 사람들에게도 말을
걸지 않도록 해주세요. 홀로 충분히 시간을 보내고
나면 관심을 보이며 다가올 수 있지만, 강제로
끌어당기고 안는다면 더더욱 겁 많은
강아지가 될 거예요.

　강아지가 다가오면 먼저 손을 내밀어 냄새를 맡게 한 뒤 턱 아래나 가슴을 쓰다듬어
주자. 이렇게 인사하고 나서도 강아지가 여전히 가까이 다가오고 관심을 보인다면 그때
천천히 안아주거나 놀아주는 것이 좋다. 반면 냄새를 맡은 강아지를 쓰다듬으려 할 때 뒤로
물러난다면, 강제로 잡아끌거나 들어올리지 말고 내버려두어야 한다. 가구 아래나 당신의
뒤로 숨으려 한다면 그 자리에서 상황을 좀 더 파악하려는 것이니 역시 내버려두자. 활발한
강아지가 적극적으로 다가오는 경우라면 즐겁게 놀아주면 된다. 테니스 공을 살살 굴리거나
터그 장난감을 꺼내는 것만으로도 충분하지만 차분하게, 느긋하게 움직이는 것이 좋다.
무심코 움직이다 강아지를 치거나 밀어낼 수 있으니 항상 손을 주의해야 한다. 터그 게임을
할 땐 강아지가 대등하게 줄다리기하는 것처럼 느낄 수 있을 만큼 힘을 빼야 한다. 성견이
강아지들과 놀아줄 때처럼.

◀ **강아지를 안을 땐 한 손으로 꼭 밑을
받쳐주세요. 안정적으로 느낄 수 있게요.**

슬기로운 사춘기 대처법

사춘기, 혹은 공포의 개춘기에 접어든 개들은 감당하기 힘들 수 있어요. 강아지 시기의
귀여움을 벗기 시작한 9월령부터 2살까지는 유기견 보호소에 가장 많이 들어오는
시기이기도 합니다. 인내심과 침착함을 유지하기 위해선 계획을 세우는 게 최선이에요.

규칙적인 생활

청소년기의 개들은 운동량과 더불어 우리 인내심의 한계를 시험하려는 탐구심이 엄청나다.
반려견을 훈련하는 데에 각별히 신경을 쓴 것 같은데도 이제껏 가르친 것을 모두 까먹은
것 같거나, 무시한다고 느끼는 순간이 올 수 있다. 이때는 매일 반복되는 스케줄을 만들고
지키는 것이 도움이 된다. 에너지를 발산할 수 있는 놀이와 충분한 산책은 물론이고, 사회
경험을 넓혀주는 것도 필요하다. 가능하면 외출을 할 때마다 데리고 나가자. 걷는 것도,
대중교통을 이용하고 자동차를 타는 것도 모두 익숙해질수록 좋다. 새로운 개와 사람들을
만나는 것도 필요하지만 새로운 자극에 과부하가 오지 않도록 충분한 휴식 시간을 주어야
한다. 10대 청소년들처럼, 청소년기의 개들 역시 잠을 아주 많이 자기도 한다. 때로는 오전 내
늘어져 자더라도 문제가 있는 게 아니니 걱정할 필요 없다.

    이 시기엔 반려견과 함께하는 시간이 많을수록 좋다. 반려인이 돌보는 시간이 길수록 다른
사람들로부터 헷갈리는 메시지를 받을 가능성이 적어지고 일관된 교육이 가능하기 때문.
만약 반려견을 누군가에게 맡겨야 한다면 반려견의 루틴을 지켜줄 수 있도록, 반려인과
반려견 모두와 익숙한 사람이 좋다.

두려움이 각인되는 시기

대부분의 개들은 성장 과정에서 '두려움 시기(fear stages)'를 경험한다. 한때는 이 시기가 8-11주차의 아기 강아지들과 6-9개월차의 어린이 강아지들에게, 두 번에 걸쳐 나타난다는 게 정설이었지만 이제는 딱 잘라 언제라고 말할 수 없다는 데에 의견이 모아지고 있다. 강아지들의 청소년기 중 언제든 몇 달에 걸쳐 나타날 수 있는 '두려움 시기'가 찾아오면 반려견이 이전에 별 문제 없이 경험했던 물체(펄럭이는 현수막)나 상황(시끄럽게 지나가는 오토바이)에 갑자기 크게 놀라거나 겁을 먹는 모습을 보일 수 있다. 이때 공포를 극복하게 해야 한다는 생각으로 그 상황을 직면하게 강요하는 것은 좋지 않다. 대신 최대한 침착하고 여유롭게 그 상황을 빠져나올 수 있게 도와주자. 두려움을 자극한 요소를 파악했다면 며칠 동안은 마주치지 않게 해준 뒤에 먼 거리에서 조금씩 익숙해질 수 있게 해주는 것이 좋다. 예를 들어 오토바이를 겁낸다면 좋아하는 공원에서, 먼 발치에서 지나가는 오토바이를 지켜보게 하는 식으로 말이다. 두려움을 유발하는 대상을 자연스럽게, 멀리서부터 천천히 마주할 수 있게 반복해주면 금세 극복할 수 있다.

**그러면
뭐가 좋은데요?**

청소년 개들에게 기본적인
훈련을 하며 일상을 규칙적으로
유지한다면 사회성이 좋은, 행복한
성격으로 자랄 거예요. 이 일상에
실컷 에너지를 발산할 수 있는
활동을 꼭 넣어주세요.

**청소년기 개들은 미친 듯이 뛰어다니다가도
곧바로 드러누워 깊은 잠에 빠지곤 해요.**

친구 사귀기

첫 접종을 시작하고 나서는 다른 강아지들과 어울리기 시작하고, 6개월령쯤 되면 친한 친구 무리가 생기기 시작하죠. 산책 중에 자주 마주치는 동네 멍멍이들, 유치원에서 만나는 반 친구들, 공원에 모여 같이 달리기하는 친구들…

그러면 뭐가 좋은데요?

천방지축 청소년기에 꾸준히, 안정적으로 다른 개들과 어울리는 경험은 반려견이 평생에 걸쳐 우정을 쌓을 수 있는 기반이 됩니다. 그리고 반려인이 아무리 최선을 다해 놀아주어도 다른 개들과 뛰어놀 때만큼 효과적으로 기운을 뺄 수 없기도 하고요.

반려인과 아무리 오래 노는 강아지들이라도 사람이 아닌, 같은 개들과 어울리는 경험은 꼭 필요해요.

청소년기의 사회화

슬슬 자기 주장이 생기는 청소년기쯤부터는 친구를 만들고 우정을 쌓는 게 조금 까다로워질 수 있다. 어떤 청소년개들은 이전까지 잘 놀던 친구들에게 대장 행세를 하기 시작하고, 나이 많은 개들에게도 맞먹으려 하면서 긴장감을 조성하기도 한다. 심한 경우엔 전투 태세로 돌변할 수도.

주의할 것들

반려견의 표정과 바디랭귀지를 가장 잘 아는 사람은 반려인이므로, 놀이가 너무 격렬해지거나 분위기가 험악해질 기미를 파악하는 건 항상 반려인의 몫이라는 걸 잊지 말자. 어떤 개들끼리는 크게 으르렁거리고 이빨을 드러내는데도 서로 공격성이 없다는 걸 이해하고는 문제 없이 놀기도 한다. 이보다 주의해야 할 신호는 오히려 움직이지 않는 꼿꼿한 꼬리처럼, 조용하고 경직된 자세일 수 있다. 또 술래잡기처럼 뛰어다닐 때, 술래의 역할을 바꾸는 타이밍에서 반려견이 지나치게 오래 멈춰 있는 경우에도 주의를 기울여야 한다.

분위기가 격해진다면 '개들끼리 알아서 잘 해결하겠거니' 하고 내버려두지 말자. 느긋한 태도의 반려인들도 많긴 하지만 문제가 일어날 수 있는 상황은 피해서 나쁠 것 하나 없다. 반려견이 으르렁거릴 때 모두 각자의 개를 불러서 간식을 주고, 옆에 잠시 앉게 하는 것만으로도 충분히 주의를 돌리고 분위기를 바꿀 수 있다.

에너지 발산 효율

아무리 건강한 반려인라도 성장기 강아지의 에너지를 따라잡는 건 불가능해요. 강아지들끼리 놀 때의 에너지 소모량은 사람과 함께 뛸 때에 비해 3배 이상 된다고 하네요.

만약 반려견이 다른 개들과 어울릴 때마다 이보다 더 심각한 상황이 발생하는 것 같다면, 풀어놓고 놀기보다는 냄새를 맡고 탐색하는 산책 활동에 더 시간을 쏟는 것이 좋다. 같이 산책할 수 있는 친구를 찾아보자. 사춘기 특유의 삐딱한 행동에도 별달리 신경쓰지 않는 차분한 개라면 더할 나위 없다. 리드줄을 풀지 않은 채로 인사를 나눈 뒤, 약간의 거리를 두고 나란히 걷게 하자. 흥미로운 냄새가 많은 코스를 선택하고, 두 개가 냄새 맡는 포인트를 공유하게 해주면 에너지를 차분하게 유지할 수 있다. 이런 산책을 가능한 한 자주 하면서, 가끔 한 번씩 오프리쉬 운동장을 찾아가 변화가 보이는지 관찰하기를 추천한다.

커리어 쌓기

만약 반려견이 차분하고 사람을 좋아하는 성격이라면 사회 활동을 해보는 것도 고려해볼 수 있어요. 모든 개들이 꼭 사고 현장에서 구조견으로 일해야만 하는 건 아니니까요. 알고 보면 소소한 일거리도 많아요. 만약 딱 맞는 활동을 찾을 수 있다면 반려견에게도, 반려인에게도 보람찬 일이 될 거예요.

적성 찾기

누군가를 돕는 활동을 하려면 테스트를 거쳐야 하는 경우가 대부분이다. 반려견의 성향뿐 아니라 반려인이 반려견을 얼마나 잘 다루는지도 검증의 대상이 된다. 돌발 상황에도 안정적일 수 있는지, 새로운 사람을 만나는 것을 좋아하면서도 너무 흥분하거나 불안해하지는 않는지 등을 확인한다. 이 과정에서, 우리 역시 반려견이 이 역할을 진심으로 즐길 수 있을지도 가늠해볼 수 있다.

그러면
뭐가 좋은데요?

많은 개들이 밖에 나가서 새로운 사람을 만나는 걸 좋아해요. 특정한 일을 맡게 되면 그에 맞춰 성장하는 경우도 많고요.

가장 널리 알려진 개들의 '사회 활동'으로는 요양원이나 호스피스 병동의 거주자들을 방문하는 것*이 있다. 대부분의 사람들이 잘 알고 있듯 강아지의 방문은 제한된 환경에서 생활하는 사람들에게 새로운 자극이 되어주기도 하고, 자신의 반려동물을 그리워하는 사람들에게 위안을 주기도 한다. 이 역할은 신나게 뛰어다니는 개의 에너지를 받아들이기 어려운 사람들과도 차분히 있을 수 있는, 느긋하고 점잖은 개들에게 적합하다.

책 읽어주기

조금 생소할 수 있지만 많은 개들이 잘할 수 있는 다른 활동으로는, 읽기를 어려워하는 아이들이 책을 소리내어 읽는 동안 옆에서 들어주는 역할이 있다. 보통 학교나 도서관에 등록하면 도움이 필요한 아이와 반려견을 연결해주고, 책을 읽는 동안 같이 있을 수 있는 공간을 마련해준다. 대체로는 반려견과 함께 놀며 익숙해지는 시간을 가진 뒤에 나란히 앉아 책을 읽게 된다. 이 활동은 아이들의 읽기 능력에 실제로 큰 도움이 되어 유행하는 추세이다. 잘못 읽거나 더듬을 때 쉽게 알아채는 또래 아이들과 달리 개들은 어떻게 읽어도 참견하지 않으니, 아이들은 방해받거나 신경쓰지 않고 자기만의 속도로 읽을 수 있다. 이 활동은 독해력에도 큰 도움이 되지만, 연구 결과 개를 무서워하는 아이들이 두려움을 극복하는 부수적인 장점도 있는 것으로 밝혀졌다. 또, 아이들과 함께 살지 않는 반려견에게는 주기적으로 아이들과 시간을 보낼 수 있는 것도 신나는 일이 될 수 있다.

* 우리나라에서는 서울시 순찰견이 대표적이죠! ─옮긴이

개들의 사회 활동

반려견과 함께 외출하는 것만으로도 사회에 좋은 영향을 미칠 수 있어요. 성격이 좋은 개와 다가가기 쉬운 반려인은 상실감을 느끼는 사람들, 대화가 절실한 외로운 사람들에게 위안을 줄 수 있으니까요. 반려견이 새로운 사람을 불편해하지 않는다면, 우연한 만남들을 최대한 활용해보세요.

◀ 책 읽는 아이들을 위해 들어주는 역할을 하는 것은 외향적인 개들에게 한두 시간 정도, 조용히 사람과 어울릴 기회가 되어요.

함께 떠나기

충분히 준비하고 연습한다면 개들도 노련한 여행자가 될 수 있어요. 반려동물을 동반할 수 있는 장소는 계속 많아지는 추세이니까요. 사람에게는 아무것도 없는데 개들을 위한 전용 환영 선물 꾸러미가 준비되는 경우도 있고요!

차 타기 전에

차를 타고 길게 이동하기 전에 미리 차 타는 연습을 많이 해두자. 처음부터 문제 없이 이동하는 개들도 많지만, 종종 멀미를 하거나 무서워하는 경우가 있으니 적응할 시간이 필요할 수 있다. 창문을 살짝 열어주거나 담요를 깔아주면 도움이 되기도 한다. 차멀미는 익숙해지면 저절로 없어지는 경우가 많지만 만약 차도가 보이지 않는다면 개들을 위한 항히스타민제를 먹여보는 것도 좋다. 증상을 줄여주면서 동시에 약간의 진정 효과도 있기 때문이다.

반려견이 전용 카시트나 차량용 켄넬을 싫어한다면 하네스를 채운 뒤 안전벨트에 연결하는 습관을 들이는 것이 좋다. 사람처럼 의자에 얌전히 머무르거나 발치에 누워 가는 경우에는 어디에 매어둘 필요가 없다고 생각하겠지만, 혹시라도 사고가 날 경우를 항상 대비하자. 이동 중에는 개들이 사람보다 쉽게 더위에 지치고, 사람보다 자주 소변을 보고 물을 마셔야 한다는 것을 기억해야 한다.

기차를 타는 경우엔 반려견이 편히 앉을 수 있을 만한 무언가를 준비하자. 기차가 한적할 때 쿠션이나 이동 가방 등을 준비한다면 빈 좌석에 같이 앉는 것이 가능할 수도 있고, 그게 아니라면 사람들이 지나다니는 통로보다는 좌석이나 테이블 아래에 머무르게 하는 게 안전하다. 자리를 잡은 뒤에는 사람들이 걸려 넘어지지 않을지 확인하자. 반려견이 낯선 사람을 경계한다면, 귀엽다며 만지려고 다가오는 사람들에게 주의를 줄 준비도 해야 한다.

필요한 것과 그렇지 않은 것을 구분하기

여행 전 짐을 챙길 땐 현실적으로, 무엇이 필요한지 생각하고 미리 목록을 써보기를 추천한다. 도착지에 다 와서야 반려견의 약이나 우비 등을 빼먹었다는 것을 깨달으면 괴로우니까. 그렇다고 반려견의 살림살이를 몽땅 챙겨올 필요도 없다. 장난감은 가장 좋아하는 한두 개로 충분하지만 담요와 쿠션 등은 어디에서든 반려견의 흔적을 최소화할 수 있도록 충분히 챙기자. 동반이 허용된 렌트카나 숙소일지라도 반려견이 앉을 곳, 또는 반려견으로부터 보호할 곳에 덮어두면 좋다. 여행지에서 반려견이 먹을 것을 구하기 어려울 수 있으니 낯선 것을 먹고 배탈이 날 위험을 감수하기보다는 여행 기간 내내 충분히 먹을 만큼의 식사를 챙겨가자. 또한 전용 수건과 칫솔을 챙겨간 뒤 느긋하게 그루밍하는 시간을 갖는다면 새로운 공간에 빠르게 적응하는 데 도움이 될 수도 있다.

그러면
뭐가 좋은데요?

단단히 준비할수록 스트레스가 적어져요. 여행 중 발생하는 돌발 상황에 빠르게 대처할수록 반려견은 점점 변화에 쉽게 적응할 거예요. 반려견이 느긋해질수록 반려인도 편해지겠죠?

나이든 강아지와 함께 사는 법

아무리 발랄하고, 삶을 무한히 긍정하는 것 같은 강아지도 언젠가는 늙기 마련이에요. 여덟 살부터를 보통 '노견'으로 분류하기 시작합니다. 나이가 들면서 어려워지는 점들을 미리 알아두면, 때가 왔을 때 반려견이 최대한 편안히 지낼 수 있도록 도와줄 수 있어요.

운동은 재미있게

반려견이 쉽게 지치는 것 같다면 운동 시간을 줄여주자. 하지만 좋아하는 산책은 계속 해야 한다. 좋아하던 놀이들은 살짝씩 수정해주면 좋다.

- 차 타는 것을 좋아한다면, 차로 함께 새로운 곳으로 이동한 뒤에 짧은 산책을 해보자.
- 물을 좋아하는 개라면 파도치는 바다보다는 조용한 개울이나 수영장으로 데려가주자.
- 동네 산책의 코스를 바꿔보는 것도 좋다. 벤치나 카페를 동선에 넣으면 반려견과 반려인 모두 편안히 앉아 주변의 변화하는 풍경(과 냄새)을 즐길 수 있다.

평소 좋아하던 놀이들은 그대로 하되 크게 점프를 해야 하는 놀이는 피해주자. 프리스비는 공놀이로 바꿔주고, 공을 물어오는 놀이도 이전보다는 짧게 던져주는 식으로 바꿔주자. 소형견들은 나이가 들면 '개모차'를 좋아하기도 하니, 가능한 만큼 걷고, 지치기 시작하면 카트에 편안히 앉아 산책을 마치는 것도 좋다. 실외 활동은 최대한 보장해주되, 긴 등산 같은 고강도 활동은 피해야 한다.

부드러운 자리

반려견이 갈수록 앉기 전에 많이 움직이거나 빙글빙글 돈다면 이전보다는 조금 더 호화로운 자리를 마련해주세요. 양털 재질의 패브릭을 추천할게요. 폭신하고 울퉁불퉁한 털의 질감은 노견의 뼈에 좋아요. 좋아하는 공간 어디로든 옮겨줄 수도 있고요.

새로운 경험 시켜주기

사람처럼 개들도 나이가 들수록 습관대로, 익숙한 것만 고집하는 경향이 있다. 하지만 세상엔 여전히 새로운 것들이 많다는 걸 알려주는 게 좋다. 이전에는 맛보지 못한 간식으로 보물찾기를 한다거나, 다양한 재질의 포장재로 둘둘 감싼 새 장난감을 소개하는 식으로. 노견들도 서로 '텐션'이 비슷하다면 새 친구 사귀는 걸 좋아한다. 꼭 나이가 맞기보다는 기질이 비슷한 게 중요하니 어린 개들이라고 무조건 배제할 필요는 없다. 기억하자 : 나이든 개들도 즐길 수 있는, 새로운 경험을 소개해줄수록 무기력감을 저 멀리 제쳐둘 수 있다는 것을.

통증에 관하여

개들은 통증을 잘 드러내지 않지만 행동 변화를 통해 신호를 보내기도 합니다. 늘 씹는 간식을 좋아했던 반려견이 뼈 간식을 물어뜯지 않고 내버려둔다면 이에 문제가 있는지 확인해야 해요. 한곳에 머무르지 않고 계속 자리를 옮겨댄다면 관절에 문제가 있을 수 있고요. 노견과 함께 산다면 습관에 변화가 있는지 잘 관찰해보세요. 변화가 보일 때는 미루지 말고 병원에 데리고 가야 해요. 개들을 위한 효과적인 진통제가 많이 만들어졌답니다. 증상에 따른 종류도 많고 말이죠.

그러면 뭐가 좋은데요?

노견을 늘 주의깊게 관찰하면 나이들며 생기는 문제들을 제때 발견할 수 있어요. 통증을 최대한 빨리 없애준다면 반려견이 조금 더 건강하고 행복한 삶을 살겠죠?

반려견이 나이가 들어간다면 매일의 생활 습관과 활동을 점검해보세요. 몸의 변화에 맞추어 빼거나 더하거나 조정해야 할 것이 있는지 말이에요.

에필로그
나만 없어 강아지

우리 모두가 늘 개를 키우는 건 아니에요. 어느 시점에는 반려견을 떠나보낼 수도, 개를 키울
여유가 도저히 안 날 수도 있으니까요. 이유가 무엇이든 간에, 그럴 때에도 강아지와 시간을 보낼
수 있는 방법이 있답니다.

강아지를 만날 수 있는 방법

동네 커뮤니티에는 한 번씩 반려견 산책을 맡기고자 하는 동네 사람들이 있기 마련이다.
반려견 산책을 위한 커뮤니티도 많이 생겨나고 있으니 개들을 잘 알고 있고, 이제는 혼자
걷는 게 어색하다면 검색해보자. 산책 도우미가 필요한 개들과 부담없이, 그때그때 만날
수 있는 기회니까. 하지만 (70-71페이지에서 설명한 것처럼) 반려인들이 당신이 어떤 사람인지
확인하는 절차가 있을 수 있다는 걸 기억해야 한다.

　　조금 더 본격적으로, 주기적으로 시간을 투자할 의지가 있다면 임시 보호도 좋은 선택이
될 수 있다. 많은 쉼터와 보호소에는 산책이 필요한 개들도, 그저 사람의 곁이 필요한 개들도
많을 뿐더러 늘 봉사자가 모자랄 확률이 높다. 근처의 보호소들을 찾아서 봉사를 하려면
절차가 어떻게 되는지 연락해보자. 보호소마다 다르겠지만 보통은 다른 오래된 봉사자와
함께 몇몇 개들을 만나고 같이 산책하는 것이 일반적이다. 기존 봉사자들에게 어떤 식으로,
어떤 코스로 산책해야 하는지 안내 받을 수 있다. 보호소마다 규칙이 많이 다를 텐데,
유명하고 큰 단체보다는 가까운 곳의 규모가 작은 시설이 더 편안하고 친절할 수 있다.
아무리 쾌적하고 좋은 쉼터라도, 켄넬에서 생활하는 개들의 삶은 반려견들보다 지루할
수밖에 없다. 마음이 맞는 개(들)와 정기적으로 산책하는 일정을 잡아보자. 보호소의 개들도
사람과 함께하는 것에 익숙해질 필요가 있다.

지금 당장 내 곁에 반려견이 없다고 해서 ▶
평생 그러리라는 법은 없죠!

우리 집으로

임시 보호는 산책 봉사의 다음 단계라고 할 수 있다. 앞서 말했듯, 각 보호소는 모두 다른
절차와 방식을 가지고 있을 것이다. 수술 직후의 강아지가 편히 회복할 수 있도록 며칠
동안만 맡게 될 수도 있고, 강아지와 친해지도록 집에 데려가 주말 동안 시간을 함께 보내게
될 수도 있다. 보호소의 개들도 인간과 함께 집에서 생활하는 것에 익숙해질수록 입양되기
쉽다. 강아지들이 집 안에서 자연스럽게 생활하는 모습을 찍은 (가급적 매력적인) 사진을 SNS
계정에 올리는 건 평생 반려인을 찾는 가장 쉬운 방법이기도 하다.

가장 이상적인 건 임시 보호가 평생 보호로 이어지는 것이다. 봉사 활동으로 돌보던 개를
입양하는 것은 생각보다 흔한 일이기도 하다. 그러니 임시 보호하던 강아지와 잘 맞는다면
입양을 고려해 보자. 서로에게 행복을 선물하는 일이 될 테니까.

그러면
뭐가 좋은데요?

다른 개를 돌봐주거나(펫시팅), 산책
알바를 하거나, 쉼터에서 봉사활동을
하는 건 귀여운 강아지들과 시간을 보내는
방법이기도 하지만, 어떤 개의 하루를
행복하게 해주는 일이기도
해요.

찾아보기

옮긴이의 말

저는 행동 교정이 필요한 개를 키우고 있습니다. 이름은 봉길이고, 나이는 세 살, 몸집이 작은 편인 크림색 시바견이에요. 봉길이는 예쁜 얼굴에 아주 조용한 성격이라 어딜 데리고 다니면 '귀엽다', '착하다'는 칭찬을 늘 받지만 사실 자기가 싫어하는 건 절대로 못 참는, 불 같은 성격을 가지고 있어요. 누군가 몸을 쓰다듬거나 자신의 영역을 침범받는다고 느끼면 아주 사납게 돌변하지요. 이유는 알 수 없지만 밥과 물을 줄 때에도 무섭게 짖는 버릇이 있고요.

봉길이는 어렸을 때 유명한 훈련소, '보듬 스쿨'에서 '퍼피 트레이닝' 및 각종 예절 교육을 수료한 사립 유치원 출신이랍니다. 특정 맥락에서 봉길이가 사나워지는 문제를 상담했을 때 그곳에서 받은 솔루션은 "반려견이 싫어하는 행동을 하지 마라"였어요. "타고난 기질은 어쩔 수 없다"는 말과 함께요. 어쩔 수 없는 문제를 안고 살던 중 우연히 이 책을 접하게 되었습니다. 사실 그림이 귀여워서 펼쳐본 책이었어요. 그런데 저와 봉길이의 삶은 꽤나 바뀌었습니다.

봉길이는 저와 함께 출퇴근하기 때문에 혼자 있는 시간이 거의 없습니다. 저는 그것 때문에 봉길이의 삶의 질이 좋다고 생각하고 있었어요. 자부심마저도 있었고요. 그런데 제가 간과한 것은 '교감'이더라고요. 잘 들여다보니 저는 봉길이와 늘 같은 공간에 있고 종종 봉길이를 귀여워해줄 뿐, 소통하는 시간이 없었습니다. 워낙 요구가 없고 무덤덤, 독립적인 성격이라 봉길이가 혼자 있는 걸 좋아한다고만 생각했던 거예요.

이 책에서도 반려견이 싫어하는 행동을 하지 말라고 권하는 것은 똑같습니다. 다른 점이라면 반려견이 좋아할 만한 것들을 많이 해주라는 거예요. 아주 많이요. 그리고 반려견에게는 애정표현도 요구사항도 반려견의 시선에서, 반려견이 이해할 수 있는 언어로 전달해야 한다는 것이고요. 관계의 중심을 사람에게서 반려견에게로만 옮기는 간단한 일처럼 들리지만 사실 그래서 무엇을 어떻게 하라는 것인지, 떠오르는 게 없지 않나요?

이 책에서 소개하는 각종 놀이 방법, 간식 레시피, 점검해야 할 환경적 요소… 얼핏 보기에는

'이렇게까지 해야 하나' 싶지만 그렇게까지 하니 봉길이가 눈에 띄게 바뀌는 것을 볼 수 있었습니다. 여전히 무덤덤한 강아지이지만 어딘가 예민해보였던 예전과 달리 이제는 편안해 보인달까요. 가까이 다가가거나 만질 때에도 훨씬 경계를 덜 하고요. 밥과 물을 줄 때 안 짖게 하려면 어떻게 해야 할지, 책을 읽고 생각해서 여러 방법을 실험해본 결과 훨씬 조용해졌습니다.

물론 이 책에서 소개하는 모든 것이 봉길이에게 맞지는 않았습니다. 워낙 반려동물 관련 문화가 발달한 외국의 이야기이기도 하고요. 하지만 그것도 앞으로 우리가 나아갈 방향일 거라고 생각하니 불필요하게 느껴지진 않았습니다. 그리고 무엇보다 조금이라도 덜 인간중심적인 사고를 하게 해준 점, 그래서 반려동물과의 사이를 가깝게 해준 면에서 저는 이 책이 가치있다고 느꼈습니다. 이 변화를 더 많은 분들이 느껴보았으면, 하는 마음이 들더라고요.

이 책을 집어든 여러분이 다 읽고 난 뒤에도 자주 펼쳐보시기를 바랍니다. 반려견에게 느끼는 서운함이나 못마땅한 마음이 줄어들 거예요. 그리고 '뭐 이런 것까지...'라고 생각되는 것들을 한번씩 시도해보시길 바라요. 자기가 무엇을 좋아하는지 더 많이 알게 된 반려견은 그만큼 행복해할 테니까요. 변화를 경험했다면 반려견을 키우는 주변인에게, 혹은 나의 반려견과 잘 지냈으면 하는 가까운 이에게 추천해주세요.

우리 인간 곁에 사는 모든 동물이 조금씩 더 행복하기를 바랍니다.

2024년 6월
옮긴이 안의진